如何通过实话实说、
坦诚开放和问责制的文化氛围来塑造一个卓越的企业

透明
领导力

[美] 赫布·鲍姆（Herb Baum） 塔米·可琳（Tammy Kling） 著

田文 译 钱法文 校

美西航空公司首席执行官道格·帕克(Doug Parker) 诚挚推荐

中国社会科学出版社

图书在版编目（CIP）数据

透明领导力／（美）鲍姆、可琳著；田文译．—北京：中国
社会科学出版社，2011.4
ISBN 978-7-5004-9600-7

Ⅰ.①透…　Ⅱ.①鲍…②可…③田…　Ⅲ.①企业领导学
Ⅳ.①F272.91

中国版本图书馆 CIP 数据核字（2011）第 044658 号

The Transparent Leader.
The original English version Copyright © 2004 by Herb Baum，published by
　　HarperCollins，through Bardon-Chinese Media Agency.
Simplified Chinese edition Copyright © 2011 by China Social Sciences Press.
All rights reserved.

选题策划　路卫军
责任编辑　王　琪
责任校对　刘　俊
封面设计　李尘工作室
技术编辑　戴　宽

出版发行　中国社会科学出版社
社　　址　北京鼓楼西大街甲 158 号　　　邮　编　100720
电　　话　010—84029450（邮购）
网　　址　http://www.csspw.cn
经　　销　新华书店
印刷装订　三河市君旺印装厂
版　　次　2011 年 4 月第 1 版　　　印　次　2011 年 4 月第 1 次印刷
开　　本　710×1000　1/16
印　　张　12.25　　　　　　　　　　插　页　2
字　　数　170 千字
定　　价　38.00 元

致谢

　　非常感谢在我经营四个不同消费性产品企业时曾经帮助过我的员工、同事和朋友们。我从事过食品、机油、玩具和家居产品行业，经营这些行业给我带来了许多快乐时光。而最为开心的是能够和从事这些行业的优秀的人才共事。对于他们教给我的关于处事、关于人生的哲理，我更是由衷地感谢。因此，我所作出的一切成果与这群人的相处是分不开的。

　　感谢史蒂夫·布卢姆（Steve Blum），他是一位我认识了20多年的朋友和生意伙伴。实际上，史蒂夫比任何人都清楚我的经营方式，并在我形成自己的经营方式的过程中起了重要作用。他不遗余力地支持本书的出版，并且完全确信，其他企业主管及领导者也会对我这种开放、诚信、开诚布公的领导理念感兴趣。我希望读者朋友能够在阅读本书的过程中认同这一点。

　　感谢本书的另一位作者，塔米·可琳（Tammy Kling），她曾经担任过美国公司的主管，同时她本人也是个多产的作家，她与史蒂夫和我一起提出了透明的领导者的理念。塔米促使我在事业最忙碌的一年里完成了这本书，在此，我要感谢她的睿智、耐心的倾听以及与我真诚的交流。

还要感谢诺克斯·休斯顿（Knox Huston）、戴夫·孔蒂（Dave Conti）以及来自哈珀·柯林斯（HarperCollins）出版社的主管和其他为本书的出版献出时间和精力的朋友。

最后，我要向我的妻子同时也是我最好的朋友凯伦（Karen）致以最诚挚的感谢，她一直都非常推崇我的领导理念。我虽然尽力保持低调，但我还是衷心地感谢她鼓励我写这本书。凯伦相信我是个"道学先生"，同时她更知道我是一个只属于她的"道学先生"。

序

　　当我第一次思考透明的领导者所代表的意义时，我承认并没有完全考虑到赫布书中所提到的观点。我同意分享我在透明领导上的观点，同时想象着在网络上流传着的文章。想到网络环境是如此迅速地把我们从"躲在象牙塔"的时代转到这样一个公开接入的，诸如聊天室、留言板等的新时代。在这种公开的环境中，想法和观点是共享的，交流没有任何阻碍，思想也无处躲藏。

　　虽然网络便于透明化，但是还没有完全使然，网络并不是让领导透明化的主要动力。赫布在书中给出了成功的透明企业需要践行的三个原则，总结起来就四个字，赫布鼓励我们"实话实说"（tell it like it is）。而在"9·11"之后，这句箴言对航空业的发展则是势在必行。

　　2001年9月10日，美西航空公司（America West）是一个在美国航空业里运营规模最小的航空公司。在"9·11"后政府要求所有航空公司停飞4天，加上乘客出于对飞行安全的疑虑，这就意味着美西航空公司可能因此无法生存。这些话现在写起来都很困难，可想而知当时在13000多名员工、无数政府官员和国会面前宣布这样的决定是多么的窘迫和尴尬。也许最痛苦的是，美西航空公司可能将来无法再为每年将近两千万的乘客提供服务了。

"9·11"发生时，我成为首席执行官才满10天，当然万万没有想过会经历这样的事。但是面对这样的困境，凭着过去在工作中形成的价值观，我们选择了实话实说，对愿意倾听的大众毫无保留地解释了当时的情形。我们这样做产生了令人鼓舞的事情：素昧平生的人们帮助了我们（我和赫布就是这样认识的，再次感谢赫布），我们的员工团结一心，我们所服务的社群团体更是极力相助，公司重要的供应商给予了资金上的支持。最后的结果是，我们不仅仅留住了公司发展所需要的资金，也留住了员工，同时也确保了我们的顾客和他们的亲朋好友对于我们的支持。

不管多么痛苦，在当时实话实说做得很正确。在美西航空公司，实话实说仍然是我们做每件事的理论指导，而且我确信正是在这种核心价值观的指引下，我们才会扭转危机。

实话实说不仅仅是在危急时刻的反应。美西航空公司认真地检讨过去，并承认所犯的错误，同时勇敢地纠正错误，改造自我，从而让我们得以在成功扭转颓势后，再次创造出崭新的局面。赫布曾提醒我们，这往往是企业最难作出的决定。只有当我们第一次面对自己承认事实之后，才知道什么时候应该改正错误并重新开始。

对于任何服务行业，尤其是航空服务业，生意的好坏取决于指导员工工作的价值观。建立一种基于价值观的企业文化需要时间、诚实和透明。赫布的经验给各层次企业主管提供了忠告和启发，他提醒大家成为一个透明的领导者从不嫌早，也从不嫌迟。

道格·帕克（Doug Parker）

美西航空公司首席执行官

前言

　　大约两年前我决定写一本书。那时候整个企业界都被丑闻所困扰，世界通讯（MCI WorldCom）、来得爱连锁药店（Rite Aid）、安然（Enron）等大企业都受到调查及起诉。在电视上看到这些企业主管戴着手铐被调查人员带走的场景，我感到很困惑。我在美国也有很长的企业生涯，对我来说很难想象会落到那种地步。我一直觉得，在生意和人生上要做正确的事，虽说这样很不容易。我个人绝不是完美的，但我知道一件事，诚实和透明是唯一的法宝。但是现今在美国企业界存在的一个很基本的问题，就是缺乏透明度。

　　在美国企业界丑闻层出不穷之后的一年来，我确信这本书一定会引起在透明化问题上的深入探讨，并为未来的企业领导者提供可能的解决方法。我希望让各年龄层的领导人都知道，投机取巧、说谎、走捷径，绝不是能让你走上巅峰的策略。要成为一名透明领导者必须具备一些基本要素，在这本书中你会学到这些东西，以及怎样去把它们运用到日常的生意中。如果你现在不学，迟早是要被迫去学的，因为"透明"不是最新的企业流行语，它是长期处事方式的保证。每个行业的消费者、股东、劳工团体都在追求它。透明化将成为企业的新资产。

在我整个的职业生涯中，我一直践行透明的领导方式。我确信，如果不能做到透明化而想成为卓越的哪怕是优秀的领导者也是不可能的。你也许可以完成很多目标，你甚至可能在全国的商业杂志封面上出现，但如果你不坦诚，那么你的成功不会长久。透明仅仅是要求诚实和不隐瞒你所做的任何事。它意味着你要做基于价值观的决定，而且当你犯错误的时候要能够坦白。这是这么多年来服务于我的经营方式，而且也将会同样服务于你。

透明是经营公司唯一的正确道路，但遗憾的是，有很多企业主管现在仍然不明白这个道理。在商界，很多事情都会由于企业领导者的行为不透明或者没有合作的献身精神而改变。我的朋友，美国百事（Pepsi Americas）的首席执行官鲍勃·珀莱德（Bob Pohlad）不禁要问："他们的母亲是怎么教他们的？"

但是，对于大多数在商界的企业主管来说，做正确的事不像原来那样简单了，主要是由于社会能够接受的和想象的相差很远。正确对待错误的态度再也不是那么坚定一致，结果是我们都倾向于原谅和忘记。当我们不再重视做生意透明化这个最基本的问题时，支撑生意这座大厦的诚实和正直的服务便会消失，生意大厦也会倒塌。

我写这本书的灵感来源于美国企业界缺乏服务这一现实，其根源在于价值观的缺失和满不在乎的态度。提供好的服务正是透明领导者的副产品，因为提供给顾客特殊服务和发展关心顾客及同事的员工队伍都是公司高层要做的。一个领导者真心愿意带头履行开诚布公的思想，诚实、透明，就有上行下效的滴水效应（trickle-down effect）。如果一个领导者让顾客自由发表意见，让雇员及时反馈，便会得到良好的服务。如果一个领导者对待其公司所犯错误的态度是诚恳的，顾客们都会注意到。服务的好坏是一个公司透明与否的直接结果，也是一个公司首席执行官思考方式和行事方式的直接表现。

我多年来曾经待过的几个企业之所以获得成功，其共同原因是企业都具有能预见和确认顾客想要什么并提供杰出服务的能力。但是不透明你就根本无法提供好的服务。因为缺乏真诚的关注迟早会被发现，不开放、不诚实最后也会被揭露，那样是不能提供好的服务的，那是骗局。也有很多的企业主管艰难地去寻找其他出路，但是并没有找到。

这本书是关于怎样成为透明领导者的，并且讲述了坦诚在企业活动中是多么的重要。做正确的事就是要不顾虑环境以及结果，这是我个人的观点。然而，我希望读者能够从书中获得这一信息：做正确的事，也就是做得透明，有极大的积极意义，这是我个人所认为的，同时也将贯彻我一生的，待人接物的正确方式。

事实上，我在我的生活中很早就开始信奉诚实的信条了。小时候，我的妹妹经常把我称为"道学先生"，她用这个善意嘲讽的词语来说明我从来不打破规则并且努力正确地去做任何事。我的妻子凯伦也理解了"道学先生"这个评价。我想我是始终如一地坚持着这个绰号的含义，对做正确事情的执著从不动摇。

最后，做事透明化也有消极的一面。当周围的人和其他企业了解到你的经营策略，他们就会利用你。坏事情确实发生过，但是消极的影响并不是不可逾越的。正如运动作家格兰特·莱斯（Grant-land Rice）所言："重要的不是输赢，而是你如何来玩游戏。"透明些吧，你的生活和生意将会获得奖励！

目 录

第一篇

透明化的力量

当大部分行政主管在考虑如何增加收入、管理员工或者比他们的竞争者拥有更多的市场份额时，他们想到的往往是策略或者方案，而非企业核心价值观的培养。价值观不仅仅是存在于生意交易中的理念，也是我们从长辈那里学到的一些东西，是指导原则或者是我们一生中所应坚持的信念。但价值观如诚实、正直等并不是竞争的工具，那它们会是什么呢？

在今天的商业环境中，如果你是一个领导者（或者想成为一个领导者），却不为建立一个能激发整个企业活力的，与正直、诚信为伍的价值理念作贡献，那么你的公司就会像一只在响尾蛇洞里的小鸡那样易受伤害。透明领导，在商业中是完全坦诚和诚实的艺术，同样也可以是竞争工具。透明领导必须是博学、细心和完美。它到底有多重要呢？我们都知道那些公司因为领导者不懂得将价值观运用到生意过程中去而濒临倒闭。他们持着"这和我有什么关系"的态度，最终让员工、他们的家庭和他们的未来陷入经济毁灭之中。

在第一篇的三章"透明的企业"、"透明的领导者"、"透明的员工"中，你会了解到透明化的力量及其在当今社会商业领域的极端重要性。你会获得一种认识：以服务为导向的雇员是如何给一个透明的企业作贡献的，实话实说的回报是什么，以及如何在你的企业中定义你的企业文化、培养注重道德的工作环境。

第一章

透明的企业

　　会议室中的气氛是沉重的。作为董事会的一员，我不得不为现任首席执行官投下卸任的一票。

　　董事会在落基山区度假胜地科罗拉多泉市的布罗德摩尔饭店举行。那天午餐时，我在饭店遇见了首席执行官和陪着他的公司前人力资源部副部长。天气很不错，或者说我是这么认为的。

　　我们在户外吃了简单的午餐，交谈得很愉快。席间，代尔公司的首席执行官马尔科姆·约佐夫（Malcolm Jozoff）承认公司现在的利润在下滑，但是他坚信事情很快就会好转。我们席间的每个人都没有想到即将要发生的事，即使约佐夫自己也完全没有意识到这一关乎他事业的危险事件即将发生。

　　约佐夫是个有着满头白发而精力充沛的人。他经常跑步，午饭时间经常能在亚利桑那州史卡代尔的代尔总部附近看见他在慢跑。他毕业于哥伦比亚大学，在布朗·福曼（Brown Forman）的子公司——销售瓷器和水晶的雷诺克斯企业（Lenox，Inc.）担任过两年的总裁和首席执行官，后任职于代尔。

　　约佐夫曾经待过的宝洁公司（Procter & Gamble）给了他经营像代尔这样的公司的经验。作为首席执行官，他很有自信（有时候可能会自大一点），但这导致他与董事会之间关于公司经营问题产生了分歧。作为董事会的一员，我不禁感叹，他经营了五年的代尔公司会出现问题。代尔已经连续三个季度没有达到赢利预期。员工们都能感觉到行政主管们的沉重压力，员工流动性强，而约佐夫没有像其他优秀的领导者一样在人员接替计划方面做得那么到位。在先前的一次董事会中，我们一起吃午饭时我曾仔细聆听了约佐夫和他的管理团队描述公司的业务增长战略，当天，没有任何迹象表明这将是他作为首席执行官的最后一次会议，对于他长久而且光明的职业生涯来说，这样的结束确实是非常唐突的。

当董事会成员被召集到饭店的会议室坐下后，通过了会议纪要，而后马上就选举了一位新领导，是由杰西潘尼百货（J. C. Penny Company, Inc.）卸任的首席执行官奥斯特莱（Jim Osterreicher）来担任。然后我们进入会议讨论，一位董事会成员大声提议开董事执行会议，进行秘密讨论，也就是说不包括首席执行官在内的管理团队。会议室顿时陷入沉默。约佐夫好像很吃惊，大家也都很吃惊。有人清了清嗓子。会议室鸦雀无声，约佐夫站起来迅速地离开了。

召集开会的是一家大型电信公司的退休首席执行官。他解释说有些代尔高级主管对公司的健康运营和为了增加营业额所采取的策略表示担忧。我们倾听了他所说的，仔细领会着他那番话的含义，思考着解决方法。

代尔董事会总共有九个人，其中，一个是来自电信供应公司的首席执行官，一个是纸业公司的首席执行官，还有两个很优秀的女性，其中一个是雅培子公司的总裁兼首席执行官。我在很多董事会工作过，但这个是迄今为止我工作过的最积极进取和最有行政管理特点的董事会，并且他们代表的是不同的行业。

董事会讨论了员工们的主张，考虑到了这些都只是断言，不是备有证明文件的事实，但重要的是我们已经知道公司的利润下降，销售增长缓慢，股票的价格急剧缩水。

我们评价了已有的信息后，得出了共同的结论：是改变的时候了。我们认定首席执行官没有完全公开和做到诚实，而是在事情不那么顺利的情况下也描绘了一幅乐观的图景。他并没有完全直接地表明公司的问题，因而我们觉得除了给他的卸任投票外别无选择。

没有人愿意去给别人的离职投票，让他结束自己的事业。作为董事会成员，这是很痛苦的事。但是代尔董事会反应很快，很负责地给有意义的方案投票，解决公司的问题，让公司起死回生。从那以后再也没有丑闻传出，但是事情却没有好转。在不完全开诚布公的情况下，我们实在不知道企业内部还隐藏了多少问题。

不透明的企业

近些年来，很多企业领导者发现他们处在和约佐夫一样的境遇中。仅仅在1995年到2001年这段时间里，大型企业首席执行官的下台率增长到了53%，百分之五十三啊！

现在若一天没有涉及大型企业首席执行官的丑闻，一天就好像没有结束。这是一个时代的悲哀，他们曾经在职业生涯的某些时候被认为非常胜任，也正因为如此，他们才坐到了首席执行官的位置。他们拥有领导者的共同特征，比如智慧、魅力、创造力和广阔的视野。但既然他们有这么多的领导特质，又为什么失败了呢？

答案不是简简单单几句话就能够解释清楚的。很多成为头条新闻的行政主管只是应该服刑的普通白领罪犯，另外一些人基本上是好人，只是对不该妥协的事情妥协了。他们捏造事实是因为他们认为这是必需的行为，因此他们作出了不诚实的商业决策。他们晋升到了领导者的位置，但是他们后来失败了，因为他们不懂得怎样开诚布公地对待不同的部门，他们也没能领导公司建立起一个有着诚实文化积淀的氛围。

透明的企业

透明是当今美国企业最大的挑战，除非首席执行官和其他行政主管们赞成建设有价值观基础的领导，否则这种问题还会继续存在。我再详细地说明一下，你不坦诚、不诚实、不透明，也可能成为成功的领导者，但是如果你不接受透明的管理风格，那么你的成功只会是短暂的。成功消失得会像它到来的时候一样迅速，或者有一天你醒来会发现自己因为没有以正确的方式做事而正在被调查。

透明是重要的商业实践。它不是一个策略，不是一个时尚顾问可以传授的行为。行政主管们有商业义务也有社会责任去实话实说，这样才能建立起一个透明的企业。

让我们看看透明的企业是什么样的吧。

透明的企业是植根于核心价值观的企业。为大多数人行大善，有一个不论结果如何相信在任何时候都要做正确的事的领导者。那就意味着要遵守原则，不管听起来多么烦人，实话实说看起来多么困难，都要秉持开诚布公的态度。透明的企业蕴涵一种开诚布公的文化，这样才能只通过做正确的事就能够适应市场出其不意的变化。

透明的企业必须秉持以下三个原则：

- 一个相信要讲述全部事实真相的领导者；
- 以价值观为基础的企业文化；
- 雇用优秀人才为员工（以服务为导向，能够团结合作）。

原则一　讲述全部事实真相

第一个原则与常规的企业战略以及成功的路径相左，你必须在任何时候都讲述全部事实真相，有人或许会说讲述全部事实真相会泄露你的意图，使你无法设防，放弃谈判中的公平。真的是这样吗？答案会让你大吃一惊。

代尔前首席执行官的下台并不是因为他犯了什么不可饶恕的罪行，而只是因为一系列的失误，而且当销售和利润继续恶化的时候，管理团队一错再错，当他们想要制止错误的时候为时已晚。

1999 年年末至 2000 年年初，代尔公司的业绩接连几个季度都和预期的结果有所差距，股东们开始对管理团队失去信任。1999 年，代尔几次陷入困境，例如收购阿根廷的一个二流清洁用品公司，这个品牌的地域性太强，并且和已经在美国推向市场的强大的代尔品牌无法产生协作。管理团队推断清洁用品公司在美国市场的成长会受到限制，所以他们转向了阿根廷。但是当阿根廷市场火热的时候，代尔发现阿根廷当地的小品牌和利华、宝洁这些清洁用品的大品牌陷入了价格战。这是一个典型的失误。代尔想把一个当地的品牌国际化，但在缺乏如美国市场那种强大品牌效应的情况下，代尔陷入了未知的领域。但是故事并未就此了结。

代尔的前首席执行官还推动了收购菲俪蔓（Freeman Cosmetics）和莎拉·迈克尔（Sara Michaels）这两家专业个人化妆品公司，而这个行业代尔毫无经验，没有基本的经营设施，也没有切实的国际竞争计划。代尔的国内并购小组反对收购，但是高级主管忽视了他们的意见，一意孤行地推动了收购。

综观全局，代尔的收购策略好像没有重点，而且发展计划不切实际。每个季度末都安排了很多促销活动，但这仅仅是提高了销售额，还有下游商家的货物堆积量，对利润的增加和刺激消费行为没有多大帮助。所做的一切都是为了达到那所谓的不切实际的销售目标。这是一个危险的实践，因为常识告诉我们，你生产出超过消费能力的产品，那你所做的一切只是填满了下游销售商家里的仓库，你的销售额，最后甚至是你打折出售的商品，这些最后都会由于最终消费的不能实现而回到你这里。代尔的管理已经表明，这样只能保证几个季度销售额的增加，但是当下游销售商的存货一直卖不出去时，销售额也就停滞不前了。这就是约佐夫失败的地方。他没有面对错误，他只是一味地一意孤行，一错再错，违反了透明化的第一个原则。当你遇到问题的时候，应坦然地面对，然后解决它。

我到任的时候，了解到过去代尔有很多妥协都违反了我所信仰的透明的基本原则：公司的文化被压制；代尔的现金存储减少，负债增加；管理团队不赞成实话实说的原则，不讲出所有或大或小的事实。员工和董事会完全被蒙在鼓里，这样公司就陷入了困境。

代尔的管理团队根本不理解一个开放的文化意味着什么，那就是首席执行官、管理团队、所有的员工都要实话实说。这也是一种竞争的工具。代尔有很多有天赋的人，但是大家所认同的运营方式，对于现在接任首席执行官的我而言，是不能接受的。我之前为成功地扭转局势作过一点贡献。当你意识到一个公司的文化与你已经知道的企业文化大相径庭的时候，你就必须进行大刀阔斧的改革才行。这是一个渐进的过程，它不会发生得很快。因为你首先必须在心存怀疑的员工间赢得信任。

我们必须努力扭转导致这些行事妥协及运营方式的心态。因此我们采取的第一个措施是向大众表明我们明显存在的问题，那就是缺乏清晰和透明的产品销售报告。最初，我们从比较实际的销售额和消费者的消费情况开始。这听起来很简单，但事实上并非如此。追踪消费率与实际销售量，让我们进一步了解了实际的业务状况，因为我们不再一味地推销给下游商家，使他们囤积过多的货物。透明的第一个原则就是讲述全部事实真相。

我们开始讲出全部事实，通过向代尔董事会和调查团体报告我们的主要产品在每个季度的平均销售额、下游商家仓储量，直到仓储量开始正常化为止。我们必须尽快改造公司，让公司进入发展的正常轨道。我们要与所有有关人员加强沟通。恢复信用是我们最基本的目标。

我们提供给股市分析师最新的详细资讯，欣然接受媒体的采访，规划公司复苏计划。这样做了以后，我们被理解和接受。现在最困难的事情来了：我们必须作出成就。当变化发生时，你必须清楚你的目标，因为即使最能够让人理解的变化措施，如果没有彻底地透明也将会失败。

我让员工们知道：不是出于消费目的而把产品卖给顾客是不可容忍的，同时我们会解雇那些把我们卖产品的负担顺延到下级销售商的员工。没有饶恕，没有例外，没有第二次机会。听起来很严厉吗？也许吧，但是我们必须建立起一个新的能够反映出我们最高水平的商业服务规范。我们需要改变的不仅是态度，更是行为。

为什么不把事实的真相掩藏起来直到事情好转？

代尔前首席执行官卸任三年以后，同样的事情在一个大型食品批发企业弗莱明公司（Fleming Companies）再次上演。弗莱明公司的首席执行官马克·汉森（Mark Hansen）忘记了透明化的第一个原则，让他的董事会、股东和员工们蒙在鼓里，大家对公司的经营惨状和有关公司现实状况的数据一无所知。他犯了很严重的错误，包括不重视凯玛特（Kmart）批发销售市场的损失。凯玛特是弗莱明产品的主要下级销售商，一个关系弗莱明销售收入15%到20%的公司。每年凯玛特公司有45亿美元的营业额，但是当凯玛特公司宣布破产时，汉森忽视了它可能对弗莱明造成的影响。这违法吗？没有违法。这不道德吗？好像也不至于。但是汉森违反了作为透明领导者的一个基本原则，也就是完全的开诚布公。在凯玛特公司破产后，弗莱明公司面临着超员、存货过剩的问题。他没有发现问题已经出现了吗？现在回头想想，很难想象他不明白当时情况的严重性。

在汉森的管理下，公司连续两年亏损。第三年，也就是2002年，公司大幅度亏损了8400万美元。他授权收购两个主要经销商，然后把公司的总部从一个城市转移到了另一个城市。他想做的太多，在两三年内频繁地转变公司的发展方向。

汉森经历了早期在弗莱明的巨大成功，当时他负责引进凯玛特的生意。但是现在需要采取不同的策略让公司摆脱困境。数字反映着事实，公司业务状况不稳定，但是汉森不愿意向自己或者其他任何人承认。因此他只能做他所知道的事，就是使企业表面看起来乐观。但问题是，这一切根本就没有理由乐观！也许他自己都不知道这意味着什么，或者他的管理团队没有明白失去最大的经销商对他们有多么大的影响。但是作为一个领导者，他有责任去挖掘深层的事实直到自己清楚状况为止。在商业领域，尤其是上市公司，如果你对一些事情不能理解或是无法解释，那么你将会陷入麻烦。如果你不理解，你就会不知不觉地走向违反透明化这一关键原则的道路。如果你自己都不清楚事实到底是怎么样的，你又如何能讲出全部事实真相？如果你是一个透明的领导者，无知不是借口。你必须对自己的事业了解并负责，以开放和坦诚的方式领导整个企业。

我曾经在不少的企业中担任过董事，而且也见过一些首席执行官犯了相同的错误。他们对那些发展状况不好的事情很难做到完全的开放和坦诚，而且他们也没有意识到，当企业举步维艰时，他们必须在竭尽全力解决问题的同时还要保证股东、董事会、员工能够完全了解事情的真相。先接受必要的惩罚再去做正确的事情是非常重要的，因为隐藏事情的真相，哪怕只是其中的一部分，也会让你陷入更深的麻烦中。

另一位在百般困难中得到教训的是美国航空公司的前任首席执行官顿·卡蒂（Don Carty）。卡蒂是一位友善、平易近人的首席执行官。当他从作风强硬、常和美国工会冲突的首席执行官罗伯特·柯兰德尔（Robert Crandall）手中接任之后，几乎没有做过什么失误的事。

卡蒂自1998年接任首席执行官后，很快便因公平正直、能力超凡而闻名，他引导公司度过了"9·11"后航空业的空前危机。恐怖事件当天，航空运输停止运作，机场关闭，班机停飞，航空公司遭受了上百万美元的损失。在"9·11"后的一年中，航空运输业发展缓慢，各大航空公司对商务旅行发出短期禁制令，国际旅行骤减。世界政治局势紧张，所有的公司在这段时间都处于困难时期，美国航空公司也是在艰难中生存，已经到达破产的边缘。当卡蒂向国会提请政府援助的时候，美国航空公司已经日损500万美元，而政府最终拒绝支援。每天500万美元！对任何公司而言，这都是不小的损失！

卡蒂日思夜想，绞尽脑汁地思考应如何拯救被世界局势严重影响而陷入窘境的公司。经济发展已经疲软。当时美国经济萧条，民众深陷债务泥潭，他们很少随意地把收入花在悠闲的旅行上，更害怕发生在飞机上的那些事故。公路旅行代替了平时的航空旅行，人们很少出远门。2003年年初，美国出兵伊拉克的时候，航空飞行业又遭受了一次严重打击。

随着情况逐渐恶化，卡蒂和工会开始协商，请求机长、飞行员、乘务人员和其他员工同意减少薪水以共度艰难时刻，避免公司破产。经过一系列复杂的谈判后，工会作出了具有历史意义的决定：同意减少18亿美元的工资。

在那一刻，卡蒂仿佛走出了英雄般的一步，把不可能变成了可能。协议一经宣布，美国航空公司的股票就骤然上升了43%。卡蒂赞许工会领导人，说他们这个破天荒的协议显示出"大家想让美国航空公司一直保持世界第一的决心和奉献精神，并证明他们仍为追求卓越而继续努力"！

卡蒂在两年前就冻结了自己的薪金，并且作出了很多正确的决定：他宣布将他自己50万美元的工资削减三分之一，连续三年不领奖金，请求美国航空公司的母公司美利坚企业（AMR Corporation）董事会减少其他高级主管的薪金。但是这项决定宣布以后，又爆出另一则新闻。美国航空公司上交给证券交易委员的资料显示，美国航空公司已经给45名高级主管分配额外的退休金，保护他们的利益以应付破产，而且已经把这笔钱提供给了包括卡蒂在内的6名高级主管。这笔钱是高级主管们底薪的两倍。当工会成员发现这件事以后，怒不可言！

卡蒂只是犯了一个错误，而这个错误却结束了他的事业！高级主管退休金的事是可以解释的，而且有其正当性，但他却没有做到坦诚。后来公司的发言人公开解释了这件事的原委：给高级主管退休金不过也就是和保护飞行员的利益一样而已。但是事情发展到那一步，解释已经太晚了，退休金的事一经披露，卡蒂就被停职。工会怒气难消，美利坚企业股价暴跌，董事会马上就投票解雇了卡蒂。结果真是让人遗憾！

原则二　建立以价值观为基础的企业文化

一个企业可以灌输某些价值观念吗？这似乎是一个很激进的想法。因为我们一直被教导：工作与生活应该分离。另外，重新建立企业文化，或者是改变其现有的瑕疵，听起来任务都很艰巨。价值观是内在的个人信念问题，但是你可以利用在公司管理上，而且一些公司已经证明，建立一个秉持价值观念的、有文化底蕴的公司可以增加获利。

我知道这是代尔走向成功的发展方向，但是要建立员工友好型企业文化却有很多的阻碍因素。我已经开始和员工们坦诚相待，努力去创造一个不同的企业文化环境，然后和高级管理者到一处僻静的地方商定我们现在所提到的"文化约定"，让所有人包括员工、管理者、股东都感到公司与自己息息相关，使公司决策建立在共享价值体系之上。

价值观是一些你感觉对你很重要的东西，同时也是让你的公司立于不败之地的基本原则，当员工们得益于此时，你将会目睹巨大的变化。但是在这之前，要做些什么来推动以便达到成功呢？首先就是要有耐心。你必须决定公司的任务是什么，你必须清楚地知道你代表的观点是什么。

当我担任快克速达公司（Quaker State Corporation）总裁和首席执行官的时候，我们将企业的核心价值观定义为信条，并要求旗下各业务单位作财务声明认证，以支持报表的完整性和真实性。这意味着各业务单位的主管都必须在财务报表上签名，表示他们认同一般公认的会计原则。这是我们在公布数据时保证安全的方式。这关系到我们员工的利益，它表明了我们对待诚信的严肃态度。

我发现在公司的每一个角落贯彻核心价值并不是随便说说，而是一个势在必行的过程。你必须亲身参与其中，你也必须愿意去辨认那些工作心态与公司文化相悖的员工，了解他们的想法，试着改变他们，或者采取策略把他们请出公司。比如说采购部门主管的想法和企业的价值观相背，你与厂商的关系可能就建立在错误的价值观基础之上，因此就可能会造成账目错误、交流障碍，或者是因为与某个公司或者某个人的关系而作妥协，最终甚至会对你的公司有负面影响。

价值观定义：我们是谁，我们代表谁的利益?

在代尔，我早就认识到企业转变的第一步是建立一个以价值观为本的企业文化。我们必须让管理团队意识到这一点。我们从管理层入手，让 23 位企业高级主管们去爬亚利桑那州的塞多纳山，目的就是远离办公室、远离电子邮件和电话的纷扰，用三天的时间去了解每个人的想法，直到我们可以为公司创造一个新的远景。我们这些公司的高层管理者以及各部门的经理一起开会讨论，聆听彼此的策略、价值观以及对经营原则的看法。每一个与会人员都谈到了自己人生中的高低起伏，以及自己是如何来应对这一切的。某种程度上，我们好像成了一家人，个人之间争斗的办公室政治似乎也随风而逝。在会议中间，我们还有一系列的体育活动帮助公司完成特殊的团队建设。员工在爬绳运动中学习到了互相信任，明白了同事间互相信任是多么的重要。最后，我们提出了很多能够推动公司向前发展的好建议，奠定了建立新的企业文化的基础。

我们返回公司后，领导小组决定同所有员工分享"文化约定"，使大家都能够认同这个新的文化理念。希望管理层作为模范要带头实践这种理念，全公司的人也要和管理层一样实践这个理念。

参加塞多纳活动的玛丽·简·海瑞斯（Mary Jane Harris），当时是代尔的生产部副总裁，后来被提拔为人力资源部门的副总，目前负责统筹安排这项"文化约定"的相关活动。因为她从一开始就参与这项活动，所以她知道如何让"文化约定"存在下去、如何和新员工们去进行最大程度的沟通。这是一个漫长的过程，最终每一个员工都愿意签署约定，但我们都还要把它印在名片背后，去显示我们对它的坚持和遵守。

我知道"文化约定"没什么大不了的，只是目前企业界流行的花样，但是我们在它时髦之前就办到了，因为我们需要清楚地把在工作中应坚持的价值观和想法传递给每一个人。现在我们招录员工时，会等新员工阅读了"文化约定"以后，和他们讨论这个话题，以给双方考证对方是否符合这个约定的机会。如果有人和我们的约定不符，不管他们在他们所擅长的领域多么优秀，我们知道他们不会很好地融入我们公司。当然，大部分人还是会努力地想让你录用，因此他们不会说公司的缺点，也不会反对你的经营方式。但是这个讨论是很有意义的，因为它给大家去问一些与决策有关的重要问题的机会。我们一直到今天还在做这件事，这不单是我们创造出来的方式，我们也是这样做的。

开始着手：定义你的企业文化

在我所知道的最成功的人士中，有不少人在他们的事业中努力地去提升以价值观为基础的企业文化。因为他们懂得界定他们的任务、他们的视野、他们的企业文化，这是他们长期成功和稳定获益的关键因素。

创造一个透明组织的第一步是书面定义。一旦成为白纸黑字，企业就有了前进的路标。"文化约定"帮助企业不以传教或强制的方式传递企业的核心价值观，同时，如果员工帮助管理者共同创造企业文化，它就会变成一种生活方式而不是来自上面的命令。

代尔的"文化约定"看起来相当简单，它声明：

- 我们尊重每个人。
- 我们彼此诚实和坦诚相待。
- 在我们整个公司，我们发展和促进每个人的能力和想法。
- 我们让合适的人作出以公司全局利益为重的决策。
- 我们作决策时会考虑到公司的长短期利益。
- 我们设置有挑战性的但切合实际的目标，并全力以赴。
- 我们鼓励并奖励首创精神和冒险精神。
- 我们定期的就一些重要问题和发展战略与每个人进行交流。
- 我们要求各级人员在商业企业联系中务必做到诚实守信。

如果企业的每一个合作者都是基于这九项原则行事，那么企业的运营必定事事顺利！但是你同样需要把眼光放长远。一旦你为公司定义了价值观理念，就必须用行动书写它、提升它，身体力行，不能退缩。

接下来要做什么：执行你所定义的文化

事实上，界定企业文化还算比较容易，难的是如何采取必要的行动达到目标。定义你要阐述的公司文化，这是重要的步骤，然而，建立一个有价值观基础的企业文化最重要的步骤却是第二个：执行。

着手建立有价值观基础的企业文化，不管是改变已经存在的那种文化还是建立新的文化，都必须用与员工持续不断的交流去加强你所要传递的信息。你想让你的员工怎么做呢？他们应该遵循什么规则呢？他们遇到涉及价值观的问题应该如何处理呢？真实、诚实和价值观基础上的决策是如何在商业中帮助我们呢？领导者是怎么看待这些问题的呢？这些问题需要持续不断地讨论，这是前进的基础。

每次代尔有新进的员工时，我们都让他们和高级主管充分交流，持续不断地对他们进行关于我们企业文化的阐述。这就形成了透明化。每一个员工，不管他们的长相、薪水和职位如何，都有接触我和我的管理团队的机会。我告诉他们，所有人可以给我发电子邮件、打电话甚至和我面谈，相信我，他们真的这样做了。我亲自回复每一封邮件，而我一回邮件，笔友效应就显现了，这样的回复让他们放心，知道心中如果有事，可以随时写信给我。大部分员工乐意写信给我，我收到过你可以想象到的关于任何事情的邮件和电话。这种授权和坦诚避免了事情被隐瞒。因为最终有人会让我知道已经发生的事。透明领导力可以培育一个诚实、负责和开放的企业文化。

原则三　雇用优秀人才

和你一起工作的员工是如何影响整个公司的价值观念的？答案很简单，在任何一个公司人才都是第一资源，他们的优秀与否直接影响到股东们的利益。通用电气（General Electric）的前首席执行官杰克·韦尔奇（Jack Welch），告诉我他最依赖的行政主管大部分是人力资源部门的主管，因为那些人永远知道公司员工的目前状况。建立透明化企业的第三个原则就是从你所雇用的员工身上发现特殊的品质，然后发展他们，以利于去创造透明化的企业文化。优秀人才乐于提供服务，他们不仅仅懂得好的服务有多么重要，而且坚信自己能够成为团队的成员。他们是真诚的好员工，所以他们工作的基础是诚实的。他们作出的是诚实的决定，并且他们努力去满足客户的需求，努力做到他们能做到的最好。他们是透明化企业成功的关键。

如果你想让你的公司转型，或办得更好，第一步就是要了解员工的个人品质，知道谁对整个团队更有价值，注意加强企业内部团结沟通的员工将会是你团队中最中坚的力量。

透明的员工是优秀人才，他们和其他人和睦相处，他们真诚友好、乐于助人，最重要的是他们讲事实、说真话。他们更多的是把企业的发展放在心上而不仅仅是为了自己。乐于提供服务的思想不会让他们觉得有失尊严，他们知道顾客第一。优秀人才有助于公司向更高水平发展，并且他们的个人品质可以吸引新的顾客和供应商对你的公司一直感兴趣。

我发现人际关系技能和个人简历中的业绩与成就一样重要，这在目前企业都用电脑程序来搜索履历表上特定关键字以筛选合适人选的时代好像是一个外来的概念，但试想，科技也许能帮你找出例如工商管理硕士（MBA）或者建筑工程背景的特定人才，却找不出具有创新精神、重视服务和诚信、善于与人合作等具有很多软实力的人才，而这些才是真正有助于公司的人才。只有他们才能真正认同透明化的概念，因为他们以价值观为本作决策，依据你设置的企业文化标准工作。心地善良加上技能与天分，使他们成为有助于企业走向成功的最佳人选。

通向透明的路

每一个以价值观为基础的企业文化氛围中，都有一位员工可以亲近的领导者。这样的企业文化具有亲和力，员工们知道他们可以畅所欲言，他们甚至可以对自己的首席执行官抒发己见。通向透明化的路是开放的，不是公司的各项政策能够阻碍的，首席执行官不会封闭在象牙塔内。

知道吗？现在仍然有很多公司的首席执行官工作在一个特殊的办公间——公司写字楼的最高层。只有秘书和其他有过门卡的极少数人可以进入。如果你是公司的首席财务官（CFO），你也许有过门卡。如果你是人力资源部的副总，你可能也有。但是其他员工没有。即使他们找到了到达高层行政管理者办公室的路，他们也会被一堵玻璃墙隔在门外。另外，过大的咄咄逼人的接待桌使得员工们好像成了不受欢迎的人，毕竟没有人能够不通过"她"（秘书）才可以见到"他"（首席执行官）。听起来很荒谬可笑？不要笑，事实上，在有些公司就是这样。

在透明化的企业中，首席执行官会在最大限度内让自己变得更易接近。他们会和员工们在同一层办公室办公，大家会看到他在公司里活动，他会回复员工们的邮件，等等。在代尔，伊利诺肥皂厂的员工与在我办公室附近办公的高级管理者能够接近我的机会是一样的。这在很多公司都是闻所未闻，尤其是在那些家喻户晓的有进门卡限制的知名企业。但是这对我们公司的成功是非常重要的。因为这样做能够保持我们公司开放的文化氛围。

在其他公司，有很多员工甚至从来没有见过首席执行官，对他完全没有印象，因为首席执行官有专门的车位，还有专用的餐厅和公司其他的行政管理者们一起用餐。当然，公司的规模有时的确限制了与首席执行官接近的机会，不过大多数时候这都是借口。首席执行官是不是容易接近是一种态度，容易接近对塑造企业文化有很大的帮助。

我把我的爱车大众甲壳虫停在员工们的停车场。早上我和员工们一样在员工咖啡间喝咖啡。如果我中途离开我的办公室外出开会，回来的时候可能会遇见停车场已经满了的情况，我就只能像其他员工一样不得不到外面找车位，再踩着很烫的柏油马路步行到我的办公室。我没有比别人更优秀或者更重要，为什么我就该有一个比较好的车位？我是任何人都可以接近的，就像我们定义的企业文化是开放的一样。

建立透明化企业的工具

我强调了亲和力在发展透明企业文化中的作用，但是有很多方法可以传播相同的信息，技术就是其中之一。即使技术的变革使员工们能够通过网络接触一些事情而带来很多的挑战，不过这同时也开启了另一种接触与教育的途径，自由和危险并存。电子邮件就是一个被广泛应用于从销售会议到生日等一切交流的技术工具，但是它也同样可以在整个公司被高效地用于交流价值观理念。它是发信息的快捷方式，可用来加强员工接受过的训练。听起来很简单是吗？但是最好的东西有时候就是那么简单。交流在提升公司透明化文化概念中扮演着很重要的角色，因此促进交流是很重要的。

我们在代尔做的另外一件有关技术的事，就是充分地利用它交流、指导和培训。我们创办了一个叫"诚实做生意"的网络课程，它可以帮助我们加强要塑造的关于以价值为本的企业文化。这对每个人都是很有必要的。在家工作的员工可以通过网络学习这门课程，办公室的员工在"桌面"上就能直接连线。要知道诚实是可以从电脑的显示器中学习到的。当然，事情还不止如此：网络课程让信息快速的传播，它通过真实情况中的角色扮演，训练员工如何处理道德困境。课程教授了他们每个人应该负担的个人责任，并讲述了应该怎样报告突发事件。总之，综观技术在当今企业的统治地位，我们就用技术培训员工，这应是培育年轻员工的最好方式。这让他们知道我们要他们去做正确的选择，即使其他选择看起来对代尔也可能有利。我们运用一切可行的交流方法，但是信息中包含有质疑或者是不道德的东西将是不能容忍的。

我们也用网络加强信息宣传，或者通过员工时事通讯报传播思想。除此之外，我们还利用"桌面展示"方式把新产品放在员工的桌子上，还有我写的信或者是任何比电子邮件更人性化、更加让人产生亲近感的东西。我会花时间把包有代尔新产品的小包裹一一放在员工的桌上，员工中午用餐回来的时候，会惊喜地在桌子上发现这份小礼物。这么做贴心又有效。

总之，我一直铭记对于一个成功的企业文化，透明化有多么的重要。即使到今天，在代尔如要雇用新员工，我们都会展示企业核心价值所在以及通过面试所得的"文化约定"。我们的"文化约定"和我之前在其他企业所提倡的内容相似，但是对于代尔来说是唯一的，因为它是代尔全体员工创造的。

就像听起来那么简单吗？未必。我从没有想过只靠"文化约定"、一个网上的教育项目或者仅仅是一个履行公司制度的管理者就能让我们走上诚信经营大道。因为这是一个持久学习以及成长的过程。

当我从迈达斯（Midas）董事会卸任的时候，我的同事们都起身给我鼓掌。一些人甚至还说了些我身上的优秀品质。在业界受到高度推崇的专业董事、美国百事董事戴克斯（Archie Dykes）那天也在董事会上，我记得他说："赫布就是可以直截了当地说出问题所在，完全实话实说。"我之所以清楚地记着这些话，是因为我希望当我回首过去的时候，我之所以能够得到别人的肯定不是因为我在那些大公司做过首席执行官，而是因为我是一个行事坦荡的真君子。

第二章

透明的领导者

你是一个透明的领导者吗？

每年，管理顾问以及商业大师写的关于领导方面的书籍充斥着整个市场，如果你读过他们的书，或许会认为，领导者和那些详细的图表或者复杂的公式有关。但事实更简单，事实是任何人都可以学习和培养领导技能。但是要做到透明化的领导得需要特殊的人。

平庸无能的领导案例，或者用一些不择手段爬上领导者位置的骗子有许多。问题是，任何人都可以成为领导者，但是难得有人成为透明的领导者。

普通领导者和超凡的领导者

在过去的几十年，世界上有许多企业主管、政府官员或是知名度高的领导者因为自己的过错下台。他们中有不少人甚至一直以来都相当成功，直到出现错误的个人决策，他们才失败。知名的美式足球教练麦克·普莱斯（Mike Price）就是这种情况。他曾经带领华盛顿州立大学接连赢得十季度的比赛，使球队顺利进入玫瑰杯比赛。之后普莱斯被阿拉巴马大学聘请为教练，在素以高道德素质、高要求著称的传奇教练"大熊"布莱恩之后，担任阿拉巴马大学的第六任教练。

就和大家所熟知的布莱恩一样，他以其理念为阿拉巴马队树立典范，认为优良品格是成为伟大球队的基础。布莱恩的水平远远超出一般教练，普莱斯都难以望其项背，然而这同时也是普莱斯得到的很少人能够拥有的大好机会。

在普莱斯任职的七年间，高达1000万美元的协议条款反映出学校的高标准和高期许。条款写道：作为一个教练，如果他的行为导致了公众争议、轻视、侮辱、嘲笑或作出任何有损学校声誉、士气或高道德标准的事情，他将被解雇。

不幸的是，普莱斯从未指导过阿拉巴马大学的任何一场比赛。当初聘请他的阿拉巴马大学的校长罗伯特·威特（Robert Witt）看到了关于他的一则报道后解雇了他。报道称：57岁的普莱斯在佛罗里达参加职业/业余混合高尔夫球赛时，在佛罗里达州雇用袒胸女招待的酒吧消费数百美元，第二天早上据说有女人在普莱斯的房间，并且点了大约近千元的客房服务，费用全算进了他的账单。

这样做违法吗？不违法。这是判断失误吗？是。普莱斯的失当行为影响了他在阿拉巴马大学当教练这一受人尊敬的职业和他灿烂的前程，同时还影响了他的婚姻以及与他同时受聘的两个儿子的事业与声誉。当威特宣布解雇他的时候，普莱斯声泪俱下。但是他仍旧不悔改，在满是记者和球迷的球场上对大家发言时，他还抨击校长的决定，坚持认为自己应该享有第二次机会。实际上，普莱斯应该采取透明的态度对待问题，他应该坦白承认他在判断上犯了很大的错误。他还应该很清楚地告诉大家，他的价值观可能与阿拉巴马大学的价值观有些不一样。整个事件其实阿拉巴马大学可以忽略，因为它毕竟不是发生在校园，也不是发生在球赛期间，而是在球赛开始之前。这件事其实与校方无关，只牵涉到普莱斯的私人生活，但是威特不愿意就此罢休，他不愿看到学校球队被有平庸价值观的人领导。在向媒体解释解雇的原因时，威特说，普莱斯是个好教练，也是个好人，但是他没有成功地将他的职业素养和个人生活方式始终如一地与学校的理念保持一致。结果就成了这样。这就是透明化领导和勇气的展示。

威特成功清除了一个有损于阿拉巴马大学诚实传统的障碍。如果学校继续聘任这样的教练会给未来的球队成员传递一种什么样的信息呢？校长坚持了自己的立场，他没有因为外界的压力而留任这样的教练。

这种对个人不良作风零容忍的人已经很少见了。但是威特按他的价值观，作出了他该作的决定。虽然他好像作了个很不受欢迎的决定：解雇很受学生钦佩的教练。他还遭到一些不知道孰轻孰重的人的批评，说他小题大做。但从长远来看，这为学校未来的发展树立了一个标准。

威特不是一个普通人。很多人在压力面前会选择妥协而忽略那些有违学校宗旨的事情，也省去了再花时间找一位新教练的麻烦。但是威特已经建立了他自己的核心价值观和期望值，并且清楚地写进了与教练的协议。他有很高的水平，他不会让任何的障碍物挡在学校透明化的道路上。作为一个领导者意味着诚实地、有道德地、透明地经营企业，就是这么简单。而不能为了有可以炫耀的成绩对所坚持的价值观妥协。

你是什么样的领导？

一项调查研究表明：90%的美国人认为他们自己比平常人要聪明。大部分人觉得自己比别人聪明，但是只有少数人能够打破平庸，在各方面都表现得很优秀。你又是哪种领导者呢？

你可以甘于平庸，也可以作出更好的决策。但是想要成为卓越的领导者没有捷径可走。优秀的领导是学来的技能，而且要努力才能学到。这意味着你要做一个坦诚开放的人，经营事业时，要想到你的一言一行都有可能被曝光。

在《从优秀到卓越》（*Good to Great*）一书中，作者吉米·柯林斯（Jim Collins）描述最好的领导者是所谓的"第五层次"，在任何事情中都表现出谦虚、谨慎、执著、无畏的品质。其他的商业书籍在描述领导者的时候则着力于商业策略，叙述如何根据情况作出行动计划以达到最好的目的。拉里·博西迪（Larry Bossidy）在其广受好评的《执行》（*Execution*）一书中讲到："一个优秀的领导者，要通过建立包括'跟踪调查'、'论功行赏'在内的七种领导特质来展现执行力。"在汤姆·彼得（Tom Peters）的畅销书《乱中求胜》（*Thriving on Chaos*）中也提到卓越的领导者喜欢追求变化这样的特质。

很困惑吗？关于如何做领导者，有各式各样的理论，但是真正的衡量标准则在于透明度，而不是看你的销售数量有多少，也与销售团队的积极程度无关。如果你行事不够透明，无论你是不是一位好的首席执行官，是否谦虚、无畏，甚至是否那么有魅力，或者是否能乱中取胜，那都是没有用的。真正重要的是：你是否能从镜子中看到自我，能否看到真实反映出的自己，每天早上起来会不会高兴地发现自己坦诚做事、诚实做人。

在《从优秀到卓越》一书中，柯林斯详细描述了他的研究团队历时五年的研究成果，指出为什么一些公司突然就成功了，有些却没有。他们发现：那些成功企业的领导者并不是首先考虑策略，而是首先选好一起做事的人，让不合适的人离开，让合适的人在合适的位置上。然后，他们指出企业的发展方向。这是一个简单的概念，雇用那些优秀的人，然后你就有很多优秀的员工。这不是什么新想法，讲效率的领导者很多年一直都贯彻这个方针，这是透明领导的一大特色。优秀的员工是开放、诚实的，并且会基于价值观作出对公司整体有益的决策。但是透明领导的概念又比"从优秀到卓越"更进一步。

除了打造卓越企业，更应该努力打造比卓越更进一步的透明化企业。很多企业领导在追求潮流时，忽略了以诚信为目标的重要性。那些书中所讲的企业策略也许是正确的，但是如果你和你的员工不是完全讲真话，那么不管你是否有执行力、是不是根据时局改变政策，或者有没有达到"第五层级"，这都不重要。透明化，也就是对所有事情都开放和诚实，才是成功的秘诀。

回到本章开头所提出的问题：你是一个透明的领导者吗？如果你不是很肯定，那么你也许应该做些调整。做一下下面的透明度测试吧，回答"是"或者"否"。

透明度测试：

1. 你曾经向上级或者同事隐瞒过错误吗？

2. 你曾经向顾客隐瞒过产品的缺陷、缺点吗？或者你曾经为了多卖出去产品，向顾客讲的关于产品的信息不完全真实吗？

3. 你曾经报销过与业务无关的午饭、晚饭或者办公室用品费用吗？

4. 你的企业有成文的"文化协定"吗？

5. 你现在能够马上列举出"文化协定"上的条款吗？

6. 你所管理的每一位员工都很容易就能够见到你吗？如果你是首席执行官，是不是公司里的每一个员工都能很容易地见到你？

7. 对于部门或企业的错误，你是否有勇气承认并予以公开？

8. 你鼓励勇于说真话的人吗？

有些问题可能比较容易回答，但是如果它们其中的任何一个你没有做到，那么你如果要建立透明化的文化氛围，就要努力了。（一个透明的领导者会对前三个问题做否定回答，剩下的都是肯定的。）

你赚的钱是否超出了你的价值?

就在恐怖分子袭击世贸大楼的"9·11"事件后的几个星期,我有机会在亚利桑那州凤凰城的雷鸟大学(Thunderbird University)向学生和教师做演讲。这所大学的国际管理学院在国际企业教育方面已经连续八年在《美国新闻与世界报导》中排名第一。在新兴商学院中,也被《华尔街日报》评为第一名,其教育管理课程被公认为是世界上最好的课程之一。同时,这所学校以其教职员工的多元化及全球化著称。许多教授在国外出生、成长、受教育,学生也来自八十几个国家,是一所非常棒的学校。

我去演讲时,安然案已经爆发,新闻头条充斥着主管贪污、行为不检点的丑闻。我看着讲台前面的面孔,与以前以一名成功首席执行官的身份向未来的领导人才演讲的感觉完全不同。我突然觉得这些学生甚至是所有的人,都对企业领导者持负面看法。霎时,我觉得自己好像是克林顿,而面前是一群女权主义者。

我没有做错任何事情,但是我知道在大家眼中,我和那些最近在媒体中出现的不好的行政主管们一样。我说了一些话,大意是:"我想告诉你们我是一个消防员,或者是一个老师,但是我不是。我是赫布·鲍姆,是一家上市公司的首席执行官。"

从那年起,由于丑闻及过高的福利薪金,大家对上市公司领导人的幻想破灭。我是以很宽泛的定义来说明他们是领导者的,因为有很多企业的行政主管的行为真的不像领导者该做的,他们从公司拿着很高的薪金,但是却把公司搞得一团糟。

在伊拉克战争期间,美国经济呈螺旋状下滑,企业也都处在危机的关头。退休金在当时好像已经失去了价值。普通工人必须重新思考他们的投资策略与未来,做一份额外的工作才能让孩子顺利读到大学,甚至想办法让全职太太重返职场,所有的变化想法好像都是为了增加收入。那时失业率很高,但是有些企业的行政主管却无动于衷、安之若素。一篇2003年10月发表在《华尔街日报》上的文章说："企业行政主管们的薪水仍然居高不下，并且在接下来的几年还可能继续上调。大家都在挣扎度日，但他们仍视而不见。"报道称："首席执行官们一直在支付薪金福利的方式上大动脑筋，以期获得更多的收益，而在底薪中并不显示。"

这些都导致《财富》杂志破例刊登了一幅衣冠禽兽的猪头主管照片，并且配以文字揭露了他领取高工资的内幕。你可能认为这些监督会带来些真正的改变。然而，一年半后，纽约证交所主席迪克·格拉索（Dick Grasso）被迫因同样的原因辞职。他的工资高得过分，当他1.395亿美元的年薪曝光后，所有的人都十分愤怒，纷纷要求他辞职。尽管格拉索在纽约证交所已经任职36年，而且有着很好的声誉，但投资者、基金管理者以及政治人物都参与到了这次讨伐中。

格拉索曾努力地工作，从公司职员一直攀升到主席的位置。他所做的一切是成功的，而且他还因带领证交所度过"9·11"恐怖事件获得过500万美元的奖金。他的奖赏是由一些德高望重的企业领导者组成的委员会评比的，看起来他做的都是对的。那为什么单单工资这件事就让他的事业从此走上绝路呢？我想，有些人可能会说格拉索只不过是时运不济罢了。但是对于透明度以及了解自己的价值而言，这却是个不错的例子。据说格拉索对他工资的事漠不关心。

我见过格拉索几次，而且在证交所会议室用餐时曾坐在他旁边。他看起来十分能干，但是我们都知道，光有能力是不够的。他在纽约证交所所表现出来的卓越领导力，最终还是被他的高额工资所掩盖了。当美国职业棒球的二垒手赚的钱都比美国总统多时，我们何必在意企业的首席执行官工资是多少呢？但每件事都需要依据工作表现和工作量的大小来进行评判。

首席执行官的工资问题是透明化的重要指标之一，因为他们工资的多少会影响到许多其他方面的事。它可能导致首席执行官投机取巧或者做错事。如果首席执行官的工资相对于企业的收入过高的话，可能会导致财务报表在其他方面造假，以美化整体数据。这样就会陷入必输的境地。如果公司年年亏损、裁员不断，但首席执行官却一直领取高薪，这根本就是错的。透明领导往往具有良好的判断力，可以作出明智的决策。

做一个透明的领导者和做一个透明、坦诚开放的人是没有区别的，因为如果一个人在私生活中能够做到坦率诚实，那么在生意场上他也会如此。格拉索的情况就是很好的例子，因为无论你能力再强、做事再优秀、任期再长，你也都必须做到透明、开放、公正。作为优秀的领导者，你必须清楚、诚实地认识到自我的价值，以及你对公司的贡献。这意味着，即使大家认为你的身价比那个拿最高薪金的员工还要高一千倍，但你还是不得不降低自己的薪金水平时，你就有足够的勇气去作这样艰难的决定。

做到透明化需要勇气

有时候行事透明会让人感觉痛苦，这一点我很清楚。作为董事会成员，我有好几次投票解聘企业首席执行官的经历，那不仅仅是让人觉得痛苦，而且更让人觉得悲伤，很悲伤。因为失败从来都不是发现的太早，而且大家都想再给他一次机会吧。人性要求在证据不足的情况下可以给人假定无罪，但是当事情关乎诚实的时候，你就不能那么做了。

作为董事会成员，我懂得见微知著。所以，就算是给朋友或者一位很受信任的同事投卸任票再怎么困难，也是为了公司的长远发展，所以不得不这样做。

如果你行事透明，你不得不作出一些很艰难的决定。那是很需要勇气的，你需要不止一次的实话实说，你必须面对那些你不得不面对的、不认同你观点的人。如果你行事透明，你有时必须要有勇气依据自己认为是正确的观点而作出决定，通常来说，做这种决定很难。意识到这一点非常重要，因为透明化已经不是一个趋势，而是一种过程或演进。

在代尔，我们的员工从来不用猜测我的观点。我不相信在本可以实话实说地讲清楚我的意思的时候，还需要用矫揉造作而花哨的言语来交流。我一开始就确定公司的目标，观点很明确。对于关系到员工的事情，我会让大家知道事情的进展情况的。

我刚加入代尔的时候就表示：如果代尔可以并入一个大企业的话，股东们将有最大的利益。员工们听到我所说的想法后，我在公司的人气很快下降。谁会信任一个刚上任就想把公司卖掉的人呢？他们恐惧和怀疑的反应是任何人都会有的。但是那是事实，我不会以别的方式告诉大家。最重要的是：他们是从我这儿而不是从报纸、电视或者谣言中得到这个消息。我告诉他们，对于股东和员工来说，以一个合理的价格卖掉公司继而带动股票和他们的退休金的上涨是最好的选择。和他们如此坦诚地交流实属不易，但却是正确的做法。

在我被任命为代尔的新首席执行官后不久，一次在伦敦度假时，我接到一个来自主要竞争者高露洁棕榄总裁兼首席执行官鲁本·马克（Reuben Mark）的电话。高露洁和代尔在一些大超市日用品部分的直接竞争很激烈，而且经常出现在上层。我对这个公司有很高的敬意，我知道马克是一位杰出的、很有声望的首席执行官。那天他打电话说，他手上有一张关于代尔的年度销售计划的光盘，是一位曾经在代尔工作过的员工给他的（从代尔离职的一名员工带走了这张光盘，并且带着它投奔了高露洁）。这就意味着代尔一项很重要的生产线计划已经泄露，这将导致代尔收入、收益以及市场占有额的损失。

马克说："赫布，我们的一位新销售人员把这张光盘给了我们的一位销售经理。我并不准备看这个光盘上的信息，我想现在就寄还给你。至于这边的问题我会处理。"

这是我在职业生涯中目睹的最清晰的透明领导案例。毕竟，谁会想到一个首席执行官会打电话给自己的竞争对手，说自己手上有对方的商业策略备份？如果他没有这么做，我也不会知道。但是那个电话让我更清楚他的人格品质，他的成功，不言而喻。他明白他根本不需要这样一个不公平的竞争机会，即使这样的机会就摆在他面前。他有勇气坚持自己的原则，即使要放弃那些可能使自己公司获得优势的机密信息。透明化就需要这样的勇气。

关键的差异

这件事情把我们带回到普通领导者和超凡领导者之间的重要差异问题上。透明领导者想到的是诚实。他们无时无刻不在想着诚实做事，并且会预先想好诚实做事的框架。他们会考虑自己和公司下一步该怎么走，做什么是为员工们谋福利。他们也会问自己很多问题，不过有的时候答案不是那么令人愉快。我对所有事情都做到诚实了吗？我们做得公平吗？我是不是拿了太多的薪金？这就是普通领导者和透明领导者之间的不同。

我曾经问自己上面提到的一个问题：我是不是拿了太多的薪金？为此，我对代尔的董事会提出一项要求：把我的奖金分一部分发给那些收入较低的员工。我这样做是因为我觉得行政主管的薪水已经失控，并且包括我在内的很多首席执行官都享有过高的薪金。

2002年，我在代尔的第二年，我们实现了我们的目标，并且超出了每一个人的想象，所以我向董事会提出放弃我的部分奖金去给那些只拿基本收入的人。我不想和薪金本来就很高的主管们分享，他们已经赚了好多钱了。我只是想帮助收入最少的人。他们为公司的成功作了很多贡献但是未被歌颂，因为我认为他们很可能是努力在月末让收支相抵、艰难维持家庭生计的人们。他们有孩子要养，有生活用品要买，还要付房租。董事会同意了我的要求，最后同意拿出数千美元给一些员工提供额外的金额作为增设的红利，员工们并没有料到会得到这笔钱。我很欣慰我能够让他们这样惊喜地拿到奖金，因为他们为公司新的成功作出了更重大的贡献。

那时候，其他公司的很多高层行政主管都拿着很高的薪金，而我们却不一样，我们的做法为今天代尔的价值观奠定了基础。代尔员工的流动率在近11年中是最低的。我收到了很多来自员工的感谢信，他们中的一些人说这样的事从来没有在自己身上发生过，还有一个员工告诉我，他可以为他的孩子多做些事了。我自己也因此感到非常欣慰。

透明领导者的责任

在我的职业生涯中，我遇到过一些成功的领导者和一些不那么成功的领导者。好的领导者懂得如何致力于建立一支以诚实为基础的工作队伍。他们知道如果员工犯了错误，会害怕其后果而尽力地去掩饰。他们也知道一个开放的文化，可以让员工免于掩饰错误，不会到铸成大错后才发现真相。

透明领导者必须培养诚实的文化氛围

在公司里，个人的发展是培养公司诚实文化氛围的重要组成部分，因为在公司里你随时都要面对各式各样的人物，他们的背景、特征各不相同，这将是很大的挑战。人都会犯错误，而你不可能在每个人犯错误的时候都解雇他们，你应该给他们改正错误的机会。可能因为家里刚好发生什么事，或者生活上的压力而导致了他们的错误行为。这就是员工帮助计划如此有效的原因，他们以一种安全无威胁的方式帮助员工解决个人问题。

如果你发现某个员工没有做到诚实，对一些事情撒谎了，你就应该检查一下导致员工说谎的原因是不是可以改正的，或者这个谎话本身会不会对企业有负面影响。最后，你希望被人们记住的是，你是一个有道德、能帮助别人渡过难关的领导者，而不是一个看到别人沉沦却不管不问的残忍领导者。

透明领导者要善于倾听

有时候倾听很难，毕竟我们都是普通人，没有动物那种不费力气就能听到频率极低的声音的能力。有些动物在地震前会没有路线的慌乱奔跑，因为它们能够听到地震断裂的压力波，但是大多数时间我们人类都不知道灾难将会来临。在地震前、在灾难冲击你的生活和事业之前能够知道灾难的来临是不是很好呢？但是我们是人类，做起来并不那么容易。我们必须努力提高我们的倾听技能，把倾听当做是领导的重要条件。

倾听对高层领导者而言尤为重要。如果你想知道真相，你就必须做到深入基层倾听，否则你接收到的信息将是从员工到经理一级一级过滤筛选过的，到你这里时已经是被扭曲的。你听不到关于公司的负面消息，听不到员工让顾客生气的情况，听不到有恶习的经理影响员工的生产力。如果你特别重视倾听每一级的诉说，保持一个开放的政策，鼓励员工们和你交流，你将会听到所有好的或者不好的消息，并在问题出现之前解决掉。做一个好的倾听者，你会惊奇于自己学到了很多东西。

作为一个首席执行官，我知道在我被邀请参加一个员工或者一个管理者会议之前，他们就已经开过会。如果我准备参加一个销售会议，我知道销售团队已经提前讨论过邀请我参加的会议上可能发生的情况。如果我计划参观工厂，我知道工厂的员工都已经准备就绪，而且事先讨论过，我到场时应该呈现怎样的形象。有几次我参观工厂时，他们还为此重新粉刷了墙壁。我知道我在那些计划召开的会议上所得到的都是干净、过滤过的信息，我也知道我必须好好倾听其他的声音，才能够更好地知道事情的全部真相。

我到代尔的时候就想营造一个开放的文化氛围，员工们可以畅所欲言。这对于公司的成长是很重要的，尤其是公司过去是由别人以不同的理念和管理风格管理的。你选定立场，决定建立开放的领导风格的时候，你必须愿意倾听所有事情，不管反馈好坏都应接受。

因为不是每个人都会赞扬你，也不是总有强大的财政支持你所走的道路。我做好了心理准备，果然，我收到了许多电子邮件和信息。

一天早上，我到达办公室的时候发现了一封来自员工的反映问题的邮件：

寄信日期：2002 年 3 月 20 日，星期三，下午 2 点 46 分

收件人：赫布·鲍姆

主题：

我知道您很忙，这件事情听起来可能有些琐碎。但是在过去的三个星期，有一只死鸟一直躺在办公大楼南端楼梯间外侧、正对着大楼的草坪上。

我告诉相关部门的主管，她说不要担心，清洁草坪的人员会处理好的。我就耐心地等待清洁人员的到来，某一天在我休息出去抽烟的时候，发现那只死鸟还在那里。我又一次找到了那位部门主管，然后她声称马上就发邮件或者打电话让相关人员去处理。

我只是想告诉您那只死鸟还在那里，在草坪上进行着天然的分解。

我不是动物保护主义者或者其他的什么类似人员，只是出于对小事的关心。我一直在思考，这可能是一只带有不知名病菌的野生鸟，让它的死尸这样在空气中分解对去楼下抽烟的人的健康并没有好处。

我对另一位主管说了这件事，她问我为什么这件事让我如此厌烦。我告诉她我也不确定，但是这件事这样处理好像确实不是很合适，而且到现在为止还是没有一个让人很满意的处理结果。我也曾生气地想过花 30 分钟的午休时间带一个垃圾袋到楼前自己清理它算了，但是我觉得这不是我该做的工作。

我不是向您抱怨我提到的第一个主管，她确实也努力去解决问题了，但是我还是觉得您应该知道这件事，一件到现在还

没有任何进展的事情。

　　谢谢。

我给他回了一封简单的邮件，同时表示了感谢，而且我让他知道我会采取措施解决这件事的。

　　自：赫布·鲍姆
　　寄信日期：2002 年 3 月 21 日，星期四，上午 5 点 35 分
　　主题：回复
　　谢谢你让我知道这件事。我会把这件事作为今天早上处理的第一件事情。

赫布

2002 年 3 月 21 日

　　很显然，这只可怜的鸟飞到大楼的侧面时迷了路，细心的员工发现了这个问题，并且给我写信说鸟的尸体分解可能会影响人的健康。事后有人问，我有没有反问那位员工，抽烟和死鸟到底哪个危害更大，我没有这么做，不管怎样，那不是我需要做的判断。重点是：我收到了来自员工的邮件，员工是公司的一大宝贵资产，我会努力地保护这个资产以及他们所关心的事情。显然，死鸟的事情让他烦心，那我就认真对待它，我下楼叫来清洁人员去处理。不到一小时死鸟就被清理完了。这件事对有些人来说可能很琐碎，但是当我鼓励员工们给我写信的时候，我并没有说他们不能就死鸟问题给我写信。我说他们可以给我写任何他们想写的事情。如果你要想让别人严肃对待你所说的话，你就必须严肃对待你的开放政策，而不是对摆在面前的事情过滤筛选后再作决定。你必须尊重每一位员工，即使你不赞同他们的想法，即使你认为那只是一个表面的无关紧要的问题。

　　让员工与你直接接触是训练你善于倾听的好方法。这也让你能

34

够和同事、员工们保持联系。我通过一个叫"和赫布一起吃热狗"的计划，在轻松随便的午饭时间和一些员工（通常是10—12个）进行有效的交流，让员工们直接了解我，也让我有直接了解他们、倾听他们关心的事情的机会。每次我们都一起享用我最喜爱的热狗，这给了我坐下来和员工们聊天的机会，让我能够了解他们在公司以及公司外的生活情况。这是件小事，但是这给了员工们问我问题，甚至了解我是如何看待某些问题的机会。没有会议记录和会议日程，我们仅仅是坐在一起谈论事情而已，从办公设施、公司产品的销量到城镇里最好吃的比萨在哪儿。这是我了解员工对不同问题的想法以及他们直接从我这里知道问题答案的最好途径。这对于建立企业文化很有帮助，因为这是真实的、务实的、开放的交流，有助于辨别事实和虚构。就算有谣言，坦诚的沟通也能够使谣言在给公司造成影响之前及时澄清。

在"热狗"会议过程中，人们可以问我任何他们想问的问题，他们也能够马上得到直接的回答。我们解决问题，改变策略，互相了解对方，在这个过程中我的角色是一位平易近人的好领导者、一个朋友，希望更是一个指导者。

引领领导者

当你成为倾听员工心声的透明领导者的时候，情况就开始好转了。沟通的门都是敞开的，新的意见不断产生并付诸实践。我知道的一些最好的领导者都能真正倾听员工的意见。

在我担任快克速达公司首席执行官的时候，有一个在西弗吉尼亚州康果炼油厂工作的员工，她每年都会对我的工作业绩进行评审考核。她是一位行政秘书，偶尔会打电话给我，说在她看来我做了什么对公司不利的事情，或者说我做了哪些正确的事情。我仔细地听着，因为我希望成为好接触的领导者，我想从她所说的任何事情中学习到什么。透明领导者绝对会倾听，即使有一些事情他根本不想听。

倾听可以让你了解你以前所不知道的信息，并且当涉及员工的道德感、忠诚度以及他们感觉自己是公司的一份子时，倾听可以收获很大的回报。员工对于公司和顾客互动的看法，以及大家实践文化约定中核心价值观的程度，一直是我很感兴趣的事情。

此外，我需要直接听到来自顾客的意见，因此，一天我问我们的客服人员，我能否在客服中心接听顾客询问产品的电话。在客服中心，顾客可以通过拨打印在包装物上的免费电话号码来提建议甚至宣泄抱怨，我们都接受。我接了一些电话，使我能够更深入地理解顾客对于我们产品的评价，可以看到员工是怎么处理的，其结果是我可以在员工大会上与大家一同讨论和分享所得到的宝贵经验。不久，我就收到了一封来自研发部门员工的信，她认为应该把这种理念扩展到公司的其他领域。她打算让市场营销人员和她的部门以及其他部门的员工都多听听客户的意见。我告诉她尽量去做，并且让她做好，然后她照做了。"倾听"计划现在是我们让员工知道倾听重要性的另一种重要途径，这个方式也让我们可以给顾客提供更好的产品和服务。直到今天，这项计划仍在公司内成功地执行，而且我们还授权当初提议的员工执行这项计划。如果你关心你的员工并且善于倾听，他们也会对你关心，而你的公司也会因此得到回报。

透明领导者要遵守透明化的第一条原则：讲出全部事实真相

1923 年首次出版的卡希尔·纪伯伦（Kahlil Gibran）经典著作《先知》（*The Prophet*）中讲道："别说'我已经发现了真理'，只能说'我已经发现了一个真理'。"这句话说得很好，因为它很好地总结了所有那些泛滥的商业书籍中有关领导者的理论。每一个人对于领导力都有一个自己的概念，而每一个概念在当时都被奉为真理。但是事实上，他们找到的不是唯一真理，只是其中一个真理而已。

如果你是透明化的，那么你就从来不必为领导者要遵循的策略或者是理念而担心，当大家发现你是开放诚实地经营生意时，你就会有很大的自由和高度的可信性。你越坦诚，投资者对你的公司以及公司的长期计划就越有信心。分析员还会继续对你的企业资讯很感兴趣，称赞你完全诚实，即使你所坦诚的事实不是那么重要。

对那些新任职的领导者而言，最难得的认识是：卓越的领导者并不是取悦于人的人。主动地、持续地去做正确的事才是卓越领导者的优秀特质。

当你主动地做正确的事时，你不必刻意地去取悦于谁。你只需专注于讲出全部事实真相，因为那才是你应该注意的地方。这样你就可以从别人那里学来好多东西，而不是被其他不按正确的方式做事的人误导。

当你努力地讲出全部事实真相的时候，别忘了也要诚实地面对自己。我在年轻时就学到了这个教训。为了取悦身兼律师以及税务会计师的父亲，我在大学选择了金融财政专业。我父亲一直希望我能够继承他的事业，接手我家附近的有关法律以及会计方面的业务，但是有这么一个问题：我实在恐惧会计。一直到今天我也认为会计工作是烦人的，我学金融财政专业就是为了向父亲证明我可以做这个工作。从德雷克大学毕业后，我在芝加哥接受了一家银行的短期培训。没过多久我就决定永远离开与数字打交道的工作。坦白地说，大部分人都不需要平衡自己的收支账单，更不要说是为他人做收支账单。我也是这么认为的。如果我能够诚实地面对自己，我也许会选择市场营销。但是我从这件事中学到了经验，那也是我最后一次做我不喜欢做的事！

在你能够领导别人之前，你必须能够像诚实地对待自己的能力一样诚实地对别人展示你的能力，这是成长的必要步骤。我很幸运能够在年幼的时候对是非有一个很好的理解，同时，我也从我事业早期的教训中受益。我从自己的经历以及他人的行为中学习到诚实才是唯一的道路。我整个的工作生涯都受益于这些经验。

初涉职场，帮助我形成对未来事业长远看法的重要时刻，是我在芝加哥当地的一家名为安然库斯曼的娱乐公司（Aaron Cushman Associates）进行的生平第一次面试。那次面试对于当时的我来说是一件很大的事，而且那是跟库斯曼先生本人在他位于密西根大道与维克路拐角的办公室面试。我们交谈了一会儿，库斯曼先生说他那里没有什么合适的工作，即使有这样的工作，我也没有经验。他是正确的，但是我真的很想为他工作，我从没有在公共关系领域工作过，但是我知道我很有创造力，并且我所需要的就是这样的机会！

库斯曼先生凝视着窗外，指着街对面的箭牌大楼说："我想知道你会不会写东西。我想让你做一些研究调查，然后针对每晚负责开箭牌大楼照明灯的人写一篇故事。"

我回答："好的。"我很渴望接受这个挑战，于是就直接去找箭牌大楼那位神秘的负责开照明的人了。数以千计的灯光点缀着这座芝加哥地标，我怀疑是不是有一个老人看着天空，在天黑之前跑进楼里打开所有灯的开关。但是经过一段时间的调查，我发现这个任务比我想象的更有挑战性。我很快发现箭牌大楼的灯是自动控制的！我的那个老人守着岗位的想法太滑稽了！箭牌大楼的灯是自动控制的！

我不愿就此罢休，于是我把这件事情写成了一个神秘的故事，直到故事的结局才出乎意料地让读者知道控制灯的是机器而非人。库斯曼先生大概是欣赏我的创造力，于是他雇用我去芝加哥郊区的赛车场做点小差事。

我迫不及待地开始工作，第一天就开车去和赛车场老板霍华德·提迪特（Howard Tiedt）见面，他请库斯曼公司负责他赛车场上的所有广告和公关活动。提迪特在赛场上建了跑车、摩托车以及小型越野车专用的赛车道。每年春、夏两季在当地举办的比赛总是吸引着大批人涌入伊利诺伊州的柳泉市。

提迪特问我："你对赛车了解多少？"

我回答："一无所知。"

"我很失望。我实际想要的是对赛车有所了解的人。如果你对赛车一无所知，你就不能为我工作。"

缺少经验再一次成了我的障碍。我回到车上，有种挫败感。我开了很长时间才到库斯曼先生的办公室，告诉他赛车场场主因为我不懂赛车而不愿意让我为他工作。

库斯曼先生说："我没有其他可提供给你的工作了。"当时我感觉，除了再把车开回去试着说服提迪特给我一次机会以外没有其他选择了。我找到了提迪特，向他请教如何才能学习赛车生意，我说服他，让他知道我不会随时掉头离开。

他说："也许你可以先给赛况播报员做一下助理。除了安然库斯曼公司付给你的薪水外，我还会每晚额外给你加 20 美元。"

在此之前，我一直是个害羞的人，从未在公众面前讲过话，但是我抓住了这次机会，开始每周工作三个晚上，在赛场帮助赛况播报员播报。这次经历给我开启了一个新的世界——赛车的世界，我学到了怎样用我以前从未听说过的短语描述赛事，比如"这些车子现在距离相当近，几乎可以用一条毯子把它们全部盖住"。

没过多久，我就被提升到赛况播报员的职位，即使在我参加了其他的广告公关公司之后，我还一直将这个工作做了 13 年。坦白承认自己缺少经验，并没有成为我事业上的绊脚石，反而促成了我一些有趣的副业。行事坦诚、开放总是给我带来积极的经历，赛车场的经历为我后来进入专门销售赛车机油的快克速达公司工作提供了有益的帮助。赛车场的经历还锻炼了我公开发言的技巧，直到今天我都觉得获益匪浅。这个经历也告诉我，有时候最好的工作都是自己找上门的，坦诚地与他人交往才是唯一可走的成功之路。

当你对自己的能力有着很清楚地认识的时候，就很容易定义你的公司文化该向哪个方向努力了。把自己的企业理念灌输到整个团队，就能塑造出想要的企业文化，但首先你必须具备有助于界定此番远景的基础。

透明领导者从他人的成败中学习

时机好，也就是当公司兴旺、每个人都拿很大一笔奖金时，你可以从别人的行为中学到很多。当然，你也可以从公司不景气时人们的反应上学到很多。实际上，在企业处境困难时，反而会学到更多，因为那是大多数人真正特质显现的时候，就像挤牙膏，当你用力时，它里面的东西就会出来。当你对一个人施加足够大的压力时，他内在的潜力就会爆发，即使有时候爆发的潜力并不是那么完美。

时机好时，要看清一个人的内在品质和潜力需要更多的辨别力。但是如果你能仔细观察他的行为并持续一段时间，你就能看到他的真正品质。这是学习的一个过程，并且这样做很重要。从商界的其他行政主管那里学习，你可以避免致命错误的发生。不过如果你按照自己的价值观办事，即使犯错也不至于会对你造成多么负面的影响。你以后还会不时地犯错误，所有人都是这样，但是这些错误不会成为影响你声誉或者事业的致命错误。只要你仔细观察，你总是能从周围的生意人身上学到有益的东西。

在安然丑闻爆发前，安然的员工一直对企业的文化直言不讳，并且有很多员工公开声明：一方面他们热爱他们的工作环境，另一方面确实存在着令人不舒服的事情。那是一个危险信号，是一个值得特别关注的信号，因为如果你的管理者作出一项莫名其妙的决定，或者你的某个同事公开抵制道德原则却未得到任何警戒，这就是公司高层对于建立一个基于诚实价值观基础的企业文化不再感兴趣的标志。你可以从他人的日常行为表现上学习，而不只是局限于某些重大时刻。如果你发现你所在的企业有这样的征兆，那么是时候离开去寻找新的栖息地了。生命太短暂，我们不能在这种"唬人"的公司里浪费这么宝贵的时间。

被媒体称为"安然丑闻爆料者"的安然的前会计师总管雪伦·华特金斯（Sherron Watkins）是这样形容的：安然内部弥漫着一种对网络不断施压、让别人对你另眼相看、专注于下一个更大交易的贪婪文化。从他人的失败中其实也能学到很多，比如安然事件中的首席执行官肯尼斯·雷（Kenneth Lay）和公司管理团队的其他人员，他们就没有注意培养企业诚实的文化氛围。

　　华特金斯在安然首席财务官安德鲁·法斯托（Andrew Fastow）领导的财务部门工作，她无意中发现了以安然股票支撑的复杂合伙关系。这些交易据说都是为了失败的投资案所做的避险动作，但是她知道这些事情都是将要爆发的定时炸弹。2001年8月安然首席执行官杰弗里·斯吉林（Jeffrey Skilling）突然卸任后，华特金斯和新任的首席执行官肯尼斯·雷私下见了面，表明了自己的疑虑。华特金斯告诉他必须揭露企业账目上的漏洞，她觉得如果可以把事实全部讲出来的话，安然肯定能够拯救财务混乱的局面，而不至于对公司产生冲击性影响，并且可以重新整理账目。但是据说肯尼斯·雷什么也没有做，安然公司也没有对外界进行澄清。安然的管理层缺乏行事透明的勇气，当公司业绩下滑的时候，数以千计的员工深受其害。安然公司的教训是我们所有人都应该汲取的。企业领导者可以通过观察安然行政主管们的经营方式学习到行事不透明的后果，每一级的行政主管都应该知道怎样去发现行事不透明、不诚实的不良反应。判断上的小失误能够毁掉整个事业，甚至是一个长期运营良好的公司的事业。

　　我从业的早期，曾与一些不是很注意坚守道德原则的人共事，其实我从他们身上也是获益匪浅。我之所以从中获益，是因为他们坚定了我对于诚实是唯一可走之路的选择。这是有些人直到自己事业晚期才懂得的道理，但为时已晚。在给库斯曼先生及库斯曼企业工作的时候，我很幸运能够与一些受到大家尊重的人共事，我从他们鲜为人知的行为和表现上学到了很多，我知道他们中的很多人都没有遵守透明化的第一条准则：讲出全部事实真相。但是这对我价值观的确立很有帮助。

　　当库斯曼先生安排我负责公司最大、最重要的客户派拉蒙电影公司时，我的一项职责就是确保名流及时到场接受电视采访并准时播出。在这个过程中，我遇到了一些很有意思的人。当时我很注意观察与聆听，注意什么不应该做，学习到了很多有关诚实的事情。

透明领导者愿意指导别人

很幸运，在我的人生中遇到了很多位卓越的导师。有我钦佩他们行事风格的同事和平辈，比如高露洁棕榄首席执行官鲁本·马克，就是一个不畏惧实话实说的人。我发现，做事分轻重缓急、个性不浮夸自负的人都很成功。他们想为别人树立榜样，当被问及有关生意问题的时候，他们也乐于回答。他们会花时间回答员工的问题，并且突出重点。

美国百事可乐的首席执行官罗伯特·波拉德（Robert Pohlad）就是做事情条理分明、突出重点的人。波拉德喜欢用正确的方式做事，他也确实成功的这么做了。他把他的每一位员工看得和股东一样重要。在我的书中，这是一项很好的策略。如果你的员工开心，他们就会努力工作使公司变得很强大，你的股东也同样受益。波拉德经营时，公司的年营业额超过30亿美元，但是他还是配合儿子的足球赛来安排公司的销售计划会议，因为孩子和家庭在他生命里是最重要的。他在商业竞争中是一个忙人，但是他会寻找生命的平衡点，这点是很多行政主管至今还没有处理好的事情。如果你问波拉德经营这家大企业的秘诀，他会说他和别的人做的事情没什么不一样，就是一个工作而已。

你是一个透明领导者吗？我希望你能够好好思考一下这个问题，因为肯定有人在关注你，即使你不知道。关注你的人可能是收发室里20岁的年轻人，也可能是想把从你身上学到的优秀品质教给自己四个孩子的中年人。你的导师身份可能是很偶然的，可能是在和别人的短暂接触，或者是在很长时间的接触中产生的。伴随着领导力而来的，是一份身为人师的责任感。

在职场中我有幸与波拉德这样的人物一同担任企业董事，但是我也见过一些行事不够坦诚的领导者。我观察到的周围人的失误、撒谎、不尊重他人给了我很深刻的认识，从他们身上我了解到诚实是一辈子的事，而一不小心就会误入歧途。如果你没有很透明的生活方式，你就不会被认为是一个诚信度很高的人，即使你是很成功的人，别人也会提及你不光彩的事。俗话说得好："重要的不是输赢，而是玩游戏的过程。"尤其在今天的商业环境下，这句话的意义就越发正确。

第三章

透明的员工

在 20 世纪 80 年代，有一个青铜雕在企业行政主管间很流行。上面有三只分别遮住自己眼、嘴和耳朵的猴子。猴子雕塑下面写着："非礼勿视、非礼勿言、非礼勿听。"

这是那个时代的标志，把你不愿意听的、不愿意看见的当做不存在，你没有说过的话也不会让你陷入麻烦。但是时代变化了，今天所有的事情都与听、说、看有关。打开任何新闻频道，你都会看到大量的行政主管没有了解他们应该了解的、没有说明他们应该说明的、没有听到他们应该听到的事情。他们最后也知道了洞悉所有事情的重要性，但是他们知道得太晚了。当他们能够指出透明领导和培养透明员工有多么必要的时候，他们的员工已经被调查了，他们自己也已经被法院传唤了，甚至连他们的公司也已经关门了。

个性的搜寻

在真正开放的企业环境下，企业的整体利益才是关键的。员工们都了解自己的能力水平，他们懂得重视同事们的天赋与能力，尊重同事

44

们提出来的意见。企业文化在总体上是开放的、有道德的、透明的，每一位员工都理解透明化的含义以及作出的透明化决定。这就是实际行动中的透明化。

我遇见过的卓越领导者都知道，唯命是从的人是没有价值的。卓越的领导者不需要别人的奉承，而是努力培养透明员工的良好氛围，避免任用那些看起来坚持"非礼勿视、非礼勿言、非礼勿听"原则的人。卓越的领导者明白，最好的员工是那些为了公司利益有勇气告诉你真相的人。

在招聘优秀员工时，可能遇到的重要问题是：很多人没那么幸运，能在事业早期有一个固定的导师指导他们该如何诚实做事。他们的做事风格反映了当初带他们入行的人所拥有的属性和特质，如果他们起步于 20 世纪 80 年代的企业扩张期，或者 90 年代的技术爆发期，20 岁的年轻人也可以利用虚拟公司挣大钱，他们对于有道德原则的商业一无所知，基于价值准则做事对他们来说就是天方夜谭。

从榜样中学习

每个人的职业生涯中都有塑造他们对于自己现今处境和未来方向的认识的转折点。当你在人生的交叉路口有这种体验时，你会学到这辈子永远不会忘记的东西，或者你会一直把某个人铭记在心。在我的职业生涯中有很多这样的时刻，有些事情也会时刻提醒着我不要成为那样的领导者。

有一件事情，作为最能够表达不透明行事的例子经常在我脑海中浮现，这提醒着我不要成为那样的领导者。那是在 1989 年的万圣节，在金宝汤公司的会议室里，我坐在首席执行官高登·麦高文（Gordon McGovern）旁边和他一起听销售报告。那时我是金宝汤美国地区的总裁，和麦高文有很长时间的接触。当我的助理推开门示意我出去一下的时候，我和麦高文正肩并肩地坐着。我离开会议室，助理将我领到处于困境中的鲍勃·弗拉西克（Bob Vlasic）的办公室，当时弗拉西克不是金宝汤的行政主管。我坐下后，弗拉西克给我念了一封公文，大概意思是说麦高文已经辞职了，我即将成为公司的副总裁兼代理首席执行官。当时我还丈二和尚摸不到头脑，几分钟前我还和麦高文坐在一起听销售报告，现在却有人告诉我他即将离开公司。这件事情完全缺乏透明，那时我虽然还没有担任过首席执行官，但是我知道他不是我想要成为的理想首席执行官的类型。即使在我还不知道他要离开公司前，根据在某些场合他对待我的方式，我就已经看明白了他的性格。但是那些经验让我更加了解了品德的重要性，而且也知道，即使是不考虑人性化的企业经营或作出不道德决策的人，有时还是会坐上领导者的位置。有时候生活是不公平的，或许为什么不公平是我们永远也不会明白的，但是你一定要尽力而为，坚守诚信，坚信那些行事不透明的人总会得到应得的下场。

道德准则的立法

当国会在 2002 年制定萨班斯－奥克斯利法案（Sarbanes-Oxley Act）的时候，很多企业的行政主管们才警醒。萨班斯－奥克斯利法案是旨在增加企业透明化建设和加强行政主管责任感的一系列企业规则。这一法案的出台让很多企业把自己的注意力转移到诚实上。学习优秀企业实行诚实经营霎时成为最流行的事情。

这一法案让企业主管和董事会开始注意加强企业的内部治理，分析数据报告的获取方式，加强观察发展员工的方法。萨班斯－奥克斯利法案的出台不可能解决所有的问题。这些价值观能否根植于企业文化最终取决于企业领导者的行为和理念，但是萨班斯－奥克斯利法案毕竟是一个好的开始。

萨班斯－奥克斯利法案是 20 世纪 30 年代以来联邦证券法的最大改革，它现在是由总裁、审计和管理者共同负责的制度，在很大程度上改变了企业报表的负责形式。这对那些还没有接受责任制理念的公司是个好消息，但是这一法案也衍生出很高的成本问题，这个问题影响着每一个人，即使是那些原本就奉行严格治理公司、恪守法律法规的企业也不能幸免。

　　大部分上市企业的非高层管理人员都认为萨班斯－奥克斯利法案仅仅适用于首席执行官和首席财务官。没错，他们是受新规则约束的人，他们必须亲自负责确认所有上报主管部门的财务报表，并使报表符合1934年证券交易法所规定的标准。然而，这个法案是约束公司所有人的法案。萨班斯－奥克斯利法案规定，任何涉及公司财务汇报的人员包括隐瞒上市公司财务健康状况的员工都是负有责任的。这就意味着，如果你是一位上市公司的领导者，那么选择透明化员工已经不是可供选择的事情，而是强制式的必要工作。如果你是领导者，需要招聘员工时，除学历外你最好搜寻有优秀人格特质的员工。

　　萨班斯－奥克斯利法案这样的法令无法塑造员工的个人特质，只有透明的领导者可以做得到。法令也许能够改变一个公司的运营方式，甚至公司文件的处理方式这样的小事。现在，所有受证券交易会规范的企业的所有稽核和检查文件在会计年度结算后仍然要保留五年的档案。而所要保留的档案是指：从电子邮件到其他一切和会计审计、稽核、调查等有关的记录。销毁档案的后果是什么？罚金甚至是牢狱之灾。

　　完全开放的企业必须做到能够提供外部投资人想要的任何信息，并且能够清楚地解释那些无形资产造成的特定财务数字的增减或者是任何关系到决定未来财务报表的原因。这就意味着必须雇用诚实的员工，确定你所招聘的员工知道个人道德操守的重要性，但是员工的透明程度取决于你所塑造的企业文化。如果你的员工聪明、悟性高，但是缺乏优秀的个人品质，那么你想执行的任何策略将会因此大打折扣，最终以失败告终。

理想员工

招聘有良好道德责任感和坚定价值观的员工应该是最显而易见的策略了，但是说实话，道德感和价值观在美国人心目中的排名并不是很靠前，那些不是面试时谈论的话题。大多数人力主管都会问求职者这样一个简单的问题："你先前在某某公司担任什么样的职位？"

价值观是个人的内在修养，人们会保持价值观深藏不露。回想你参加的最后一次面试，或者你最近面试过的人。如果今天你是面试中的应试者，你被问到过有关价值观的问题吗？"那么，乔治，请给我举一个在成长过程中你母亲教育你的最深刻的例子"，类似这样的问题一般是不会出现在面试中的。

其实，如何选择理想的员工是让大家感到困惑的事情，因为我们受到常理的限制，认为必须是学历很高的人才是理想的员工，或者看到简历表上"曾经工作地点"处写着竞争对手的名称便暗暗欣喜。如果他们在某某（比如你最大的竞争对手）公司做得足够好，我们会认为他们在这里一定也会很优秀。尤其是如果他们现在还在某某公司任职，顺便从他们那里拿到很有利的资料的话就更好了。不过这只是一个空想罢了，如果你招聘只关注这一点，不但无益，甚至会让你失误。有些管理者太关注应聘者是从哪个公司来的了，他们一旦在简历表上发现特定的某些企业的时候，便心满意足，完全忽略企业名声以外的其他重点。有些公司只寻找世界一流大学毕业的人才，而且不介意承认他们的这种偏好。先前的工作经验也占很大分量。当你招聘公司以外的人员时，他们从简历上看着也许很吸引人，即使他们不是优秀的候选人。但是要提醒你的是：简历不是一切，在简历外会有很多他们隐瞒的真实个人特质。

你不需要费工夫找实例证明这点。随意看一份报纸，读一下有关某个事业非常成功、学历很高的企业领导者被指控诈骗之类的报道就可以证实。如果不遵守道德原则，你在哪里上学、你有多高的职位都是无关紧要的。很多人道德原则有问题，而事业却相当成功，还有很高的学历，这些人是你应该格外提防的。他们外表看起来很好，但是内在完全不是那么一回事儿。

人们为什么撒谎？

假如你是个正直的人，让你注意道德操守不良或者经常做事偷工减料、占小便宜的人可能还很不习惯。但是在这个年头就必须这么做。全球企业的发展俨然已经塑造了一种新的企业文化，那就是欺骗是没必要大惊小怪的事情，每年至少有一位企业行政主管因为被爆料在简历上造假、捏造推荐人或者伪造大学学历等事情而成为媒体头条。事实上，如果那些骗子曾经得逞过，揭发他们不是件容易的事。而且假如骗子本身资历还不错，想揭发他就更难了。承认在职业生涯中编造了数百个假新闻并对编辑撒谎的杰森·布莱尔（Jason Blair）是美国《纽约时报》臭名昭著的记者，他就是个例子，他曾经任职于世界最有声望的新闻媒体。在此之前，布莱尔担任过他所在的马里兰大学校报的责任编辑，这使得他有新闻工作的资历。布莱尔在20岁的时候曾参加了在传媒界颇负盛名的波特学院所举办的研讨会，研讨会的主题正是"大学编辑与新闻工作者的道德操守与领导力"。但是，直到多年后布莱尔被揭露捏造了无数假的报道，他的本性才真正暴露出来。

在选择人才的时候把注意力放在资历上很正常，但是我经常提醒自己，即使是邮寄炸弹的恐怖分子泰德·卡克辛斯基（Ted Kaczynski）都是哈佛大学的毕业生。如果我们能够找出这些前途一片光明的人误入歧途的原因，我们就是天才了。我们永远无法知道这些人撒谎欺骗的原因，因为这其中的因素会有很多。但是解决方案只有一个，很简单，就是寻找道德感强的人，让你周围的世界、你的企业文化充满道德感。强调道德感的企业黑白分明，没有任何的灰色地带。如果你坚持行事透明的话，你不可能时而有道德操守、时而没有。

我很幸运能够和广告界的传奇人物大卫·奥格威（David Ogilvy）共事，他是一个对自己想要雇用哪种人有着独到见解并且对企业有着透彻的远景规划的人。他说他喜欢雇用那些从中西部来的人，因为他们理解美国人的那种思考方式和运作方式。从中西部来的人有中西部的价值观，他们也能够理解各种顾客。那时候我在金宝汤工作，我很幸运能够经常与他一起工作，奥格威非常明白，在任何时候优秀的个人特质远比好的资历重要得多。

人格特质比资历重要

雇用有道德责任感和价值观基础的员工很重要，但许多管理者在思考理想员工应有的个人特质时，还是搞错了重点。不考虑员工的道德操守，而是很看重资历。仔细想想，大多数公司雇用人员是为了特定的职务，人力资源部把工作条件公布以后，寻找合适员工的工作就开始了。目的本来就是要找一位与工作内容要求相符合的应试者，因为他有最好的资历，这样说的话，我们根本就不是根据个人道德操守和价值观来选择的。

寻找适合工作技能的人是很正常、很自然的过程，在美国企业里，大学学历、工作经验和简历上可以找到的其他实质性技能总是筛选的重点，然而那些软实力，比如诚实、创造力或者是客户服务导向等特质往往被忽略。

现实就是这样，但是我希望大家有所改变。想象一下，如果安然和世界通讯注重价值准则的话，他们今天就不会如此。考虑工作经验是完全正常的，但是最后雇用谁的先决条件应该是人格操守。

塑造传奇企业文化

诚聘：善良、努力、明辨是非的专业型人才。谢绝游手好闲、
　　　虚度时日的人。工资水平与道德水准一致。请将个人
　　　简历附上个人性格推荐书以及一封由你母亲亲自书写的
　　　推荐函。
来函请寄：理想企业人力资源部

曾经在我手下工作过的人大概都听我说过："如果你们无法善待
他人，你就不能在我这里工作。"听起来也许很简单，但是当一个人
的简历很出色的时候，大家往往会忽略他待人处事的方式。如果我
能够写这样一份招聘启事，我会用广告去招揽善良、具有系统价值
观的人。这就是塑造透明企业文化的秘诀：雇用并培养善良、有道
德责任感、行事透明并且很有天分的员工。

请别误会我，工作经验也是很重要的，有时候甚至是成功的指
示器。但是我们会看到，很多人投入自己不擅长的领域，尝试全新
的挑战，还是可以做得相当出色。

我在第一章所描述的雇用优秀人才为企业的员工，这种理念切
合公司各个阶层的人士，而不仅仅只是关注可以帮助他们晋升的人
的想法。他们是与生俱来的团队合作者，天性追求卓越，他们自始
至终都关心着客户的感受，因为他们不是追求完成目标后的奖金，
他们不是被贪婪驱使的人。他们是为了生产更优质的产品、提供更
优质的服务或者是超越自我。如果你想进一步塑造企业透明度以及
优良的企业文化，你首先要做的就是寻找优秀人才。

第一步：雇用同时拥有良好价值观和资历的人
透明化原则深植企业内部会让人感到特别振奋，它能够迅速地

感染到每个人，继而整个团队、最后整个公司都团结一致了。透明的领导者了解这一点，他们知道雇用和发展员工是以个人特质为基础的，这就意味着要改变思考的方式。想做到透明化的企业要注意吸纳理想员工，而不是注重于选择所谓的最适合工作内容的应聘者。急于招来员工，以平庸之辈补缺空位是危险的。我曾经也常常陷入这样的陷阱。

在代尔，我们期望先快速找到合适的人选，然后再持续不断地教导员工、让员工知道以价值为本的经营理念对员工自身以及对整个企业的意义所在。当我面试的时候，我会仔细观察那些关心他人的应试者，我也会通过问很多关于个人生活和他们最骄傲的成就方面的问题，注意那些有创造力、有朝气的应试者。我努力了解他们过去的成就以及他们对我所关注的特定问题的真实想法，还有他们是怎样取得过去的成就的。他们工作努力吗？是由于幸运，还是踩在他人努力的基础上？这些都是我认为值得深入探讨的问题。

还有一些东西是我招聘的时候尽量避免的，我不要唯命是从的应试者；不要那些拍马屁、看脸色行事而不对我实话实说的人；不要见机行事、顺水推舟的人。工作勤奋的人比比皆是，但是一个有高度道德责任感、有创造力、能超前思考的员工才是企业的无价之宝。对我来说，这才是最理想的人才。

我愿意把这本书当成一本反商业的商业书，它更像是一本经营指南。我们谈论到的高尚的个人特质、扎实的工作操作原则以及真正渴望做好决策的欲望，这一切都是关于诚实的，不应该那么复杂。如果这是一本传统的商业书，我们需要为透明员工加入这样的公式：

优良的个人特质＋基于价值观的决定＋优质服务提供者/
雇用优秀人才为员工＝透明化

这个公式证明了理想员工要拥有良好的个人特质，他们做的决定是以价值观为基础的，要努力去给客户提供好的服务。最后的结果就是一个真正的透明化员工。当你雇用了一个优秀的员工，你就有了招聘和发展其他人的典范。如果你致力于这件事，透明化就会起到像多米诺骨牌那样的效应。在代尔，我们称之为"员工楷模"。

但是当遇到发展透明化员工这样的问题时，你不能期望一个简单的公式就能解决问题，这是一项以价值观为核心的全天候工作，而文化的培养就像盖房子一样，必须一砖一瓦地搭砌。

在第一章，我们谈论了关于定义企业文化核心价值观的重要性。也就是说，如果你致力于培养透明化员工，就会得到优秀的员工。这是真的，但是反过来就未必如此了。这也是被有些人误解的地方。

绩效好的员工可能道德操守不好，他们终究会失败。或许你没有发现，实际上，他们也许在你面前表现得很好，但是生活以及工作中的任何事情都是循环的，我们都从这个大舞台中走过，最终，如果他们没有优秀的个人特质，他们就会失败。这就好比明星球员使用违禁药品被捕后，再也没有球队要他，从此断送事业。在此之前，他的明星影响力可能由于他个人特质的缺点而黯淡下来，但还不至于影响他美好的前程。毕竟每个球队都想找到最优秀的球员，对于人格缺陷这样的小事可能就不太在意。但是当你的最优秀的球员让你大失所望、给你的球队留下一堆烂摊子的时候，你该怎么办？当你的明星球员失败了、跌倒了甚至是离开了之后，他的名声不管过去有多么响亮，自此也一败涂地了。真材实料和坚强的人格特质才是决定一个人长久成功的关键。

第二步：嘉奖优良价值观

在第一章，我们定义了塑造透明化企业的三个原则：讲出全部事实真相、建立一个以价值观为基础的企业文化、雇用优秀人才为员工。我们知道这些原则必须从上向下执行才有效，而且每一个原则都是建造透明化这座大楼的基石，缺一不可。我们知道奖励诚实、关心他人、有创造力的员工是可行的，但是你觉得树立价值观并且要求员工遵循的做法实际吗？诚实是无形的，你看不见它、摸不到它、无法证实，而且大部分人早就有了一套自己的价值观理念。一个企业有教导价值观的可能吗？我认为我们可以。方法如下：

在成立 30 年、专营户外休闲服饰的天伯伦（Timberland）公司，良好的价值观深受鼓励甚至嘉奖。员工如果参加当地慈善机构的志愿者活动，公司就会奖励其一个星期的带薪假。每年全体员工休假一天参加慈善活动。他们建操场，与贫困儿童在一起，给在收容所里无家可归的流浪者做饭。这样的一天大概要花费天伯伦公司 200 万美元。但他们每年都这么做，因为他们想灌输这样的企业价值观，培养员工强烈的社会责任感，让他们经常想着帮助别人。这种方式最终让天伯伦受益，它每年都收到数以千计的简历表，应试者都提到想加入公司的原因是公司的高度社会责任感。

我坚信，只要给他人机会，他们就有可能达到你对他们的期望。但是你必须愿意先建立一个标准，当人们努力达到的时候，你得奖励他们。假如你是一个领导者，你不能有对小事不屑一顾或者是不顾及诚实的态度。你要愿意深入基层，和大家一起身体力行。你的员工会效仿你的所作所为，按照你的价值观生活。当员工们这么做时，记得奖励！

透明、透明，还是透明

在房地产这一行，想要买间兼顾投资价值的好房子，就必须顾及到人们常说的"位置、位置，还是位置"的因素。好的房地产投资人知道位置意味着一切，因为转卖房子差价的真正差异就在于位置的好坏。要买好的房产当然牵涉到其他因素，但是在城镇地段较差的地方选得一间好房子想要转手卖出时，这些其他因素对你的投资回报率却是一点意义也没有的，房子的位置还是最重要的。

在企业界，透明化也是同样的道理。让你的企业透明化的唯一道路就是营造开放的企业文化，让员工在里头都能作出符合道德规范的正确决策。透明就是一切，雇用以服务客户为导向、关心他人的员工，你的企业就会与众不同，尤其是在目前业界生产的产品大同小异的情况下，员工操守好、有良好声誉，才是未来员工和消费者所寻找的企业。

第三步：将服务看做是资产

透明化有很多方面，提供优质服务的能力是很重要的一方面。好的服务是坚定价值观的体现，也是一种优秀的、诚实的、透明的领导的体现。不管你的企业是哪种类型的，做到透明化的一大部分内容就是提供优质服务，但是大部分企业在过去十年里都忘记了这个资产。

服务曾经是企业界的流行语。曾几何时，所有的销售手册或者是广告活动都着重提出"优质服务"的概念。在网络泡沫时代，服务似乎不是那么重要，因为很多公司没有提供任何服务，没有店面或没有员工，却仍然被估为数千倍于实际价值的身价。服务退居幕后，美国企业将重点转移到了获取指数增长的回报。在这个过程中，公司忘记了质量、顾客以及价值观的重要性。

透明化领导者视服务为一项重要资产、一项企业竞争优势策略，而不仅仅是一个口号。服务如此重要，它的价值应该像企业为自己扩展品牌价值一样被重视。

为什么说服务是透明文化不可或缺的一部分？

当我第一次有写书想法的时候，原本是想以服务为主题的。服务常常被大家忽略，然而它对于透明员工的发展又是极为必需的。教导员工如何成为优质服务的提供者无疑是建立以价值观为基础的企业文化的重要部分。如果你可以培养出真正关怀他人的员工，这些员工就会倾向于变得开放、诚实，而不是只为自己着想。

如果员工是以自我为中心的，那么他们作决定的风格就会是唯我独尊、肆无忌惮的，会完全遵守森林法则、以生存为目的。但是如果一个员工能真正为他人着想，同样会关心客户以及客户的经历，他作的决定会为整个团队利益着想，会像对待他们自己的公司一样对待你的企业。他们会关心资金的流向、客户服务做得如何，他们会心存善意的处理事情。

例如，你去旅馆住宿时有没有在登记台遇见一位喋喋不休、做事不大利落的前台人员呢？这位登记人员连正眼都不瞧你一眼，并且态度恶劣地对你说直到下午3点才有房间可住。你心里很疑惑，他是如何能够不看一眼电脑就知道一个房间都没有的？他用单调的语言告诉你旅馆内的规定，住房登记要3点以后才能开始。这是公司规定，他们也不愿意破例。这件事发生在一个服务性行业，你还没有打开房间门住进去，就能预期这是很差的住宿地点了。

当我经历了这种差劲的服务，不管是坐飞机、在饭店还是住旅馆，我会开始质疑这些企业的各个方面。开始我会注意这些企业高层管理者的经营理念。如果机场登机前台服务人员的态度让我有种"好像我登机就给她帮了一次忙"的感觉时，我就实在怀疑这家航空公司的首席执行官是怎样发展企业文化的，然后我会想或许这个首席执行官根本不在乎。最有趣的就是，坏的服务却能够一直留在记忆中。

第四步：激发员工士气，挖掘潜能

如果有一批士气低下、对自己做的工作缺乏热情的员工，你是无法塑造透明的企业文化的。你应该鼓励大家改变，尽量更多地挖掘员工的潜质，并且持续不断地激发他们，即使这意味着你必须给他们转换职务。

有一天晚上我在一位律师朋友家吃晚饭，他问我："你认为董事在什么时间退休最合适？"我想了一会儿，告诉他年龄不是问题，问题是他在那个职位上已经待了几年了，如果已经超过了十年，那么就太久了，因为他可能由于进入了过于安逸的时期而陷入危机不能很好地自省与自我发展，他会丧失工作的激情，除非他是一个特殊的人才，准备时刻警醒奋斗一辈子也不享受安逸。

凡事都有例外。同样一个问题，但当职位是首席执行官时，我会把时限改成五年。企业首席执行官在任职五年左右就应该重新寻找工作了，因为时间再长一点，你就会失去动力。任职五年后，看问题较难发现新思路，通常你会让一切顺其自然。但是这不表示你在别的公司不能担任首席执行官，只是我个人认为以五年为一段应该在工作上做些调整。这和员工在同一个工作岗位待得太久了一样。透明企业的文化是积极、开放和鼓舞人的。你不能让自己变得停滞不前，如果你还有员工，你也不能让他们因为安逸而停止向前的脚步。即使某位员工对某项工作很在行、很喜欢，在同一岗位上待了12 年，他也会感到无聊，当你闭着眼睛做工作的时候，很难讲求任何效率，更不用说创造性了。

激励员工需要的不仅仅是在高级场所举办表彰大会或年度促销会，大企业都喜欢搞这一套。有时候激励就表示要做些改变，每天激励员工，提供挑战任务，让他们能够保持新鲜感。我在公司常常把很多事情混杂在一起，为保持员工对工作的热情作努力，让他们的“有效期”不致消失。我认为保持员工的透明度很重要，我不想因为他们对某个部门的业务太熟悉、对某部门某职位太重要，而忽略了其他方面的提升机会。对于员工的优秀表现，我们很容易习以为常，希望他们能够一直优秀下去，但这样是很自私的，也不会帮助他们成长。

我希望他们的接触面能够更广，这样他们的“有效期”不会消失，也不会对工作感到厌烦；我希望能够为他们开创事业的道路，让他们对工作永远干劲十足，对工作永远保持热情与乐趣。

有时我们要求员工转换工作岗位时，他们会很惊讶，他们可以对这项要求说“不”，也可以欣然接受挑战，但是只有这样开放的方式才可以让他们真正发挥潜能。在代尔，我们让西海岸的业务主管与供应链的管理主管接受这样的成长挑战。我们为他们寻找合适的接班人，而他们两位又是那么的优秀，所以看看谁更能够接受挑战。通过职位互换，每个人都有机会看到其他领域是怎么运作的，能够对事业有更深入的了解。虽然事情有点变动，但是他们能够对自己加深了解并且也从许多他们原本想做的事中学到很多。

在代尔，我们努力让员工每天上班的时候能够感到快乐、鼓舞，把注意力都放到积极的事情上。如果营销部门的某位员工决定转换工作去别的部门，我们积极促成。因为要留住你找来的这些人就是创造机会让他们学习成长。他们会在其他领域快乐些，也可能更加地认同自己是公司的一分子。

第五步：提供强化企业文化的福利

良好的员工福利能够让员工觉得身为公司的一员很舒服，很有自信，这样一来就能增强员工上气，改善工作环境。员工福利让员工觉得公司真的很关心他们。

有些企业通过提供基本福利，比如，大学学费、个人发展规划、健身中心会员以及其他对员工生活有益的活动来均衡和充实员工生活。美国许多企业内部就设有健身房，有的还有篮球场、瑜伽课，甚至还有私人教练。在德州南部，没有比 USAA 保险公司工作环境更好的企业了，这家大型的保险公司已经把均衡生活的概念发挥到了极致。

USAA 保险公司员工的流动率很低，不难看出为什么。如果你是 USAA 保险公司的员工，每天让你耗费时间和心力的日常生活杂事都可以在位于德州圣安东尼奥、占地约 1736 亩的企业总园区内完成。园区里有一家店，员工可以在那里买玩具当生日礼物，甚至可以在那里购买圣诞礼物，还有邮局可以寄送包裹，有好几家餐馆可以购买熟食回家当晚餐。

USAA 保险公司的企业文化是个传奇，因为公司提供给了员工其他企业所没有的特殊福利，例如，提供用车服务给那些不想开车上班的员工；安排灵活的工作时间表让员工自由选择，甚至一周只有三天的工作时间；公司有三个健身中心、几个健康诊所，偌大的操场、网球场、垒球场。公司总部的格局就像一座小城似的，有公园坐椅、砖铺的小路、员工休息区，还有十个自助餐厅提供各种各样的食品。

USAA 保险公司给军人及其家属提供保险和金融服务，他们这种以价值观为本的文化理念可以追溯到公司的创始人，1922 年 25 位前任陆军军官为了保障退休后的生活创立了这家公司。公司主要服务于那些为国家作过贡献的人，而且今天这种服务导向的理念仍然存在。因为，他们当初就重视这些价值观，他们所创立的文化 80 年后更加强势。由于公司能够善待员工，所以培养出了关怀他人的员工，当你拥有这样的员工时，你的员工就是诚实、透明的。

天伯伦和 USAA 保险公司的价值观和团队精神真正地起了作用。员工们对自己的表现、工作、生活都感到很满意，因为领导者了解塑造以价值观为本的企业文化至关重要。

傲慢的企业文化：什么是透明化？

有些企业永远也做不到透明化。这些企业的领导人自以为是，听不进别人的意见，显得十分傲慢，这同时也反映在它们的员工身上。他们仰仗公司，相信他们自己就是这个领域的佼佼者，而且还会永远领先。即使他们知道透明化是什么，也不会知道透明化对自己有什么好处。你可以称他们是无知或者傲慢，但是大部分时间他们表现出来的是缺乏基本的识别力，最后还是害了自己。

我所知道的一家公司，星期五的时候会在电梯里贴一张公告，告诉大家当天下午在公司停车场会开一个啤酒和鸡尾酒派对。这让你想知道，这家企业的首席执行官想营造怎样的企业文化？他难道想不到把员工、酒精以及周五下午急着过周末的心情混在一起会有什么潜在的风险？同时我还猜测，当客户乘电梯到他的办公室时，看到这张公告会怎么想。我不相信在这样的企业文化下，公司还能取得持续的成功。

找点乐趣并没有错，问问西南航空公司总裁赫伯·凯勒赫（Herb Kelleher），他最清楚用欢乐塑造成功的企业，但是有损夯实企业文化的笑料只会让企业变得平庸，让企业难以诚信经营。如果员工习惯在一个鼓励大家在办公室和同事娱乐的环境中工作，为什么还要限制员工在招待客户时喝酒？这些小地方疏忽了就会导致大家的心态和企业文化松懈下来，从老板一直影响到员工，直到整个企业都受到影响。这是多米诺骨牌效应，大家开始得过且过，而不是追求卓越，员工们因此忽略那些足以导致企业发展出轨的小细节。你所定下的标准够高吗？

透明化以量化显示

还记得那位告诉我手上有代尔机密资讯的首席执行官马克吗？他的企业——高露洁棕榄有一份长达 18 页多的企业行为准则，里面详细地列出了许多有关道德、人文处事和信任等主题篇章。因此，高露洁棕榄在马克接手以后的 18 年成功保持年利润增长率 12.8% 也就不足为奇了。

你在世上所做的每一件事最终都会回馈到自己身上，这就是古老的因果报应概念。就算用在栽培透明员工这件事上都挺贴切的。如果你努力塑造一个鼓励员工关怀他人的企业文化，顾客也会感受到你的用心；而如果你的企业文化充满了专权与恐惧，顾客也会察觉到，企业的业绩终究会受到影响。

把因果报应的概念应用到企业界，也就是说你必须在很多方面都善待员工，并且营造一个鼓励大家坚持诚实开放态度的环境，这样做员工才会给你回报。好的因果联系会进一步扩展、延伸出更多的好的回报。简言之，做事透明并鼓励员工透明化，那么你的事业也会跟着受益，真正的透明化会真实地反映在企业的实际盈余上。

第二篇

透明化的支柱

我们的企业环境怎么变得如此恶劣了呢？是因为过去的几十年间诚信消失、商业道德沦丧吗？第二篇将会对商场上诚信的历史演变作简要描述，并对透明化的支柱加以详细说明。

在第四章"诚信的演变"中，我们将共同探讨美国某些大型企业领导者的成败经历。

第五章"公司治理"，则带领大家了解如何有效治理大型企业，并探究企业有哪些常见的危险信号。如果倒闭企业的管理者能事先注意到这些信号，那么他们将会因为成功被历史铭记，而不是被当做失败的教训。

在第六章"善于沟通的领导"中，我们谈到了透明化的最重要组成因素——沟通。

通过本篇的所有章节，你将了解这些年来诚信的发展变化、如何让员工信心长存以及应尽早注意危险信号。

第四章 诚信的演变

讣　告

　　我们以最悲痛的心情宣布诚信久病去世的消息。诚信生于人类文明之初，以诚实、信任、礼貌著称。对于诚信的缺席人们早已习以为常，而且她的追随者也放弃了希望，所以诚信的去世很少有人知道。由于缺乏大众的支持，为诚信树立纪念碑这件事就此了结。

　　如果你相信新闻报道，那么诚信似乎早已死去。如果你看新闻就会发现，新闻里总是充斥着有关不诚实的首席执行官、财务总监、高级主管因诈骗而被捕，公司因腐败而倒闭的信息。以健康居家著称的玛莎·斯图尔特（Martha Stewart）也因内线交易，以妨碍司法的罪名被告上法庭。安达信顾问公司、世界通讯、来得爱连锁药店等稳健经营的企业，也都没有幸免于难，要么名声扫地，要么一蹶不振。难道诚信已成为过去？要想知道答案，让我们来看看这些年来诚信在企业中是如何发展变化的。

　　诚信（integrity）一词来自拉丁语 integritas，

该词在古罗马恺撒时代是常用的军事习语。古罗马军队每天执行晨检时，长官会检查士兵的盔甲，每个士兵用右拳捶打自己前胸用来保护心脏的盔片，那块盔片必须足够结实才能保护士兵免受刀、箭等的致命攻击。

士兵用拳捶打盔甲的时候会大喊"Integritas"，以此表示其"完整"、"整体"、"全部"，而长官在听到盔甲所发出的声音并确定此士兵受到保护后，才会检查下一位士兵。

但是四百年后，罗马社会及其军队因社会道德的沦丧而大受影响。军队纪律松散，也不再进行广场演习。士兵因盔甲过重而不再穿它。当野蛮人入侵的时候，大家已不再全副武装。罗马军队就在毫无防护的情况下出战，最后战败。换句话说，他们失去了完整性。听起来熟悉吗？

诚信的演变可以称作是滑坡。我一再对员工强调诚信的重要性，不仅是在演讲或做企业简报时强调，更重要的是我还身体力行。我很早就在我的职业生涯中学到了这点，那就是上行下效：员工会效仿自己老板的做法，所以使员工知道从你那能够得到事实真相是很重要的。但是在今天，这样的信任是很难赢得的。

每次打开电视都会看到一些关于主管通过不正当方法在商界成功的消息。时间久了，大家似乎对这些消息习以为常，我们好像有了免疫力似的。丑闻在我们这个年代似乎很流行，媒体的涉及范围日益扩大，每天都会有贪污和诈骗事件的报道。我们看到过那些衣冠整洁的管理者们被警方带出华丽的企业总部，银铐入狱。在报纸杂志中，我们也会看到，社会名流因违反股市交易而遭到调查。可见不道德的商业行为并不新鲜，丑闻在人类文明之初就已存在。

1890 年，国会通过了谢尔曼反托拉斯法（Sherman Antitrust Act），以规范某种特定的商业行为。1914 年，联邦交易委员会成立。某些管理者因在 20 年前违反了反托拉斯法而遭到起诉，但直到 20 世纪 60 年代，都没有人因此而入狱。这是因为所有的商业行为都看似公平，管理者为了金钱而犯罪或者违规，在当时社会大众眼里也只是狡诈、老谋深算或者是邪恶，并不算犯罪。企业界是有犯罪事件的，但是白领阶层的犯罪却被看做是精明的表现。

1915 年，当美国企业界感受到丑闻的压力时，哈佛商学院开设了一门名为"商业中的社会因素"的选修课程，这是一门关于商业道德操守和社会行为如何影响商业的课程。1916 年，哈佛商学院将企业准则和道德操守增加为必修课。可见，早在 20 世纪初，商学院就已经意识到，在学生进入商界之前，很有必要对他们进行道德操守和诚信的教育。尽管这时起步尚早，但是诚信已经受到现实的检验和影响。

在哈佛开设相关课程的几年以后，体育界经历了其历史上最大的一桩丑闻案，八位芝加哥白袜队的棒球选手在 1919 年的世界系列赛中因故意在对战辛辛那提红人队时放水输球而遭到起诉。查尔斯·科米斯基（Charles Comiskey）带领的白袜队拥有当时最棒的球员，科米斯基为球队作了很多突出贡献，但是他性情暴躁，对球员很苛刻，而且他严厉地不近人情的领导策略削弱了球员的斗志。尽管他有两个明星球员，即外号"赤脚"的外场手乔·杰克森（Joe Jackson）和三垒手巴克·威佛（Buck Weaver），但他只给他们每人每年 6000 美元的工资，然而其他球队差一点的球员年收入都能高达1 万美元甚至更多。

1917 年，当科米斯基的明星投手艾迪·斯考特（Eddie Cicotte）快要实现 30 季连胜的记录并能因此获得 1 万美元的奖金时，科米斯基故意让他下场，以避免支付这项额外的奖金。他是一个糟糕的老板，但是球员也没有办法，因为当时如果球员拒绝签约的话也会遭到其他球队的抵制。科米斯基封闭式的领导风格把球员逼进了死胡同，导致球员心生怨恨，日积月累的怨恨导致他们策划了这起阴谋，从此改变了整个棒球赛史。

在 1919 年的世界系列赛中，白袜队故意失误直到辛辛那提红人队最后以 10：5 赢得比赛。他们与赌徒一起串通放水的消息一经披露，全国的新闻媒体都把这件事当成头条，八名球员从此被判终生禁赛。这件丑闻轰动一时，和我们现在看到的丑闻案相比有过之而无不及。

当时美国最著名的企业是福特汽车公司。1903 年福特和 12 位股东以 10 万美元的资金创立了福特汽车公司，到 1924 年，企业已经能年产汽车、卡车和拖拉机 200 万辆，大规模生产日趋完善，并且改变了美国人的生活方式。《财富》杂志把福特刊登在了杂志封面上，并对他的成功大加赞颂。但是福特和科米斯基一样，采用苛刻的管理方式，是一名不愿意放弃任何商业环节的独裁者。而且大家对他定期在他旗下的报社发表反犹太的言论及文章表示批评。最终他为他苛刻封闭式的领导方式付出了代价。福特汽车的头号竞争对手通用汽车在 1925 年到 1985 年的 60 年间，每年的获利都超过福特汽车。福特和福特汽车充分证实了一些首席执行官成为商界传奇只是因为他们的名字渗透出威慑力而已，但实际上，他们的权势却对他们的企业产生了恶劣的影响。

即便在 20 世纪初期，不良领导的不利影响也一直存在着。如果今天的企业领导者都曾学习过以前的例子，他们就能从中获益。当然一百年前，独裁者在企业中很常见，因为他们大多数有钱有势，可以为所欲为。但企业中一直也没有专门对董事会负责的首席执行官，直到 20 世纪 70 年代这种由一人控制的独裁企业才逐渐消失。

90 年代初期，当时美国最著名的企业首席执行官是被称作"电锯艾尔"的艾尔·邓拉普（Al Dunlap）。作为斯科特纸业的首席执行官，邓拉普通过裁撤 11000 名员工、削减研发费用、减少对慈善事业的捐助使得公司股票价格上涨 225%。当把公司转手卖给金百利纸业时，他用一年半的时间就赚了 1 亿美元，在他畅销的自传中，他自夸："大多数首席执行官的薪金过高，但是我这一亿赚的心安理得。我是商界的超级明星，就像篮球界的迈克尔·乔丹一样成功。"

1996 年，邓拉普到日光企业任职后，公司的股票价格上涨了 49%。他受到世界各地企业领导者的尊敬，其强硬的管理风格也受到好评和效仿。但是不久以后，董事会调查发现，邓拉普扭亏为盈只是在短期会计账面上做了手脚而已，最后邓拉普遭到证交会的惩处。日光企业的股价也因此跌至每股两美分。和福特一样，邓拉普（Dunlap）发现长期运用权势对员工进行管理是不会有好结果的，而且这也不是正当的领导方式。

邓拉普之后，美国似乎见证了各式各样的企业丑闻。21 世纪初，安然、世界通讯、安达信的首席执行官都因诈骗以及不道德的商业行为遭到起诉，全国各地的企业领导者也因此受到细致地检查。2002 年 7 月，美国证券交易委员会对全美第六大有线电视网阿德菲亚传播公司（Adelphia Communications）提出控诉，指控其创办人约翰·里加斯（John J. Rigas）与其三个儿子及其他管理者联合诈骗。阿德菲亚传播公司将财报上的数十亿负债藏匿在账外关系企业的账册里，而且根据报道，他们还对运营报表造假、夸大盈收。

证券交易委员会发现，阿德菲亚传播公司的管理者利用华尔街衡量有线电视公司的关键评估数字进行夸大报道，例如增加基本有线电视收视的用户数，对净收入进行造假并且暗地里挪用公款建了工程造价为 1280 万美元的高尔夫球场。最终，阿德菲亚传播公司以申请破产保护收场，在公司丑闻中又添了一例。

丑闻还在继续发生，这些短暂的企业史告诉我们，企业经济犯罪案件不会就此消失。在美国，对于什么样的商业行为是可以接受的已经开始有了共识，但是我们仍然缺乏一个具体的模式让所有企业都遵循，规范商业营运和信息披露。这不是一个强制性的模式。尽管萨班斯－奥克斯利法案已经让我们的行为更加一致，但是现今企业的财务报表各不相同，各产业仍按照各自的标准衡量事物，而多数企业衡量事物的标准也不尽相同。

在国际上，问题同样复杂。在欧洲，管理者的薪金报酬也开始受到密切关注。虽然在美国的首席执行官及管理者通常会有很高的薪金，但是由于欧洲公司的压力越来越大，所以要求管理者的薪金必须按照绩效发放。

在其他国家，贿赂、欺骗、不诚实主管等问题多年以前就已普遍存在。例如在阿根廷，阿根廷保险业数十年来贪污及贿赂情况不断发生，导致了保险业势在必行的巨大改革。当地保险业的制度是政府为所有已保险的对象进行法定的强制再保险，这种制度导致了许多贪污的机会，因为不论风险大小，政府都会担负起所有再保险的责任，结果造成客户保费居高不下以及保险企业对政府官员的行贿；导致一些外国企业家掩盖其投资人身份在阿根廷进行非法牟利。不管是在其他国家还是在国内，还有许多企业需要改革。世界上的许多地方都缺少透明化。

把诚信当做策略

诚信以及诚信与成功领导之间的关系是现今企业界的热门话题，而且企业和管理者都已经意识到商业欺诈行为的危害，所以这个话题还将持续下去。

诚信经营已经成为现在商业的趋势，但此话听起来让人感到很有讽刺的意味。但是美国企业只有实行自我规范才能真正实现全面改革。这需要从个人做起，管理者及企业领导者要以身作则，而且整个企业界需要共同努力才能建立起诚信经营的标准，并付诸实施。

一旦这些都做到了，企业就有了可以遵循的榜样，管理者对于如何揭露销售以及主管薪金信息、如何诚实报道或者建立以价值观为基础的企业文化等所有的问题，都可以从榜样身上找出答案。不同的产业和部门都会建立各自的信息披露标准，这样一来，传播的信息就会比较真实。这种透明化的商业经营模式至今还没有出现，但是也并非遥不可及。

传达价值观以及价值观如何与工作绩效产生联系是领导者的责任。卓越的领导者知道业绩数字不是重点，数字本身的意义以及其实现方式才是真正的重点。政府制定道德规范和其他准则并不是解决问题的办法，企业同样不能通过董事会来建立良好的企业行为。企业需要自己面对自己的问题。

消除公司政治

无论是商业谈判还是商业交易，我一直坚信诚信行事。我并不完美，有时也会犯错，使事情不得不返回重做、从头再来。但是如果是要和一位需要抒发怨气或想要阿谀奉承的员工会晤，或者是和一位大客户协商一笔重要生意时，我总是坚持诚信的原则。这意味着没有所谓的灰色区域，所有的都是事实。我做错的时候也会坦白承认，这也意味着要通过个人日常工作，尽可能地消除公司政治上的影响。

随着日益提高商业交易速度的要求，许多分心的事使员工不得不放下手中的重要工作，内部政治就是又一项干扰因素。你必须克服它才能在今天的商业环境中取得成功，这表示你必须不断地想出新的方法，让员工心里永远坚持诚信的观念。公司政治只会浪费时间和精力，导致你失去很多成长的机会、陷入毫无成效的谈话和情境内。但是每家企业多少都会有公司政治的情况，有的甚至把公司的个性结构都破坏了。

在代尔，当公司政治的相关消息传到我这里时，我就会尽力消除它们。因为如果我成功了，那么"公司政治就是浪费时间"这样的观念就会在员工间流传。公司政治牵涉职位的争夺，是某种程度上的欺骗，而且这样的事情只是考虑到个人的利益而非整个团队的利益。这与我们在第一章提到的透明化的三个原则完全相悖，与建立透明企业文化的步骤相斥。

我想许多首席执行官会比较喜欢公司内部盛行政治，因为这可以让他们在一旁观察不同部门和各经理人的行为，而且他们还可以建立秘密消息通道来获知目前公司的事态进展。但是这对企业的成功会产生相反的作用，因为这些人做这些事情的时候终究是有私人目的的，这样难免会影响到传达给首席执行官的信息的准确性。

如果你让公司政治扩散，员工就会来抱怨其他人，然后其他人也会相互抱怨，如此等等，到最后你很难知道事情的真相。

当公司要召开会议时，我知道在会议之前大家也会先开个小会讨论一下要和我怎么说、说些什么。当有员工打电话和我约开会时间时，通常我还会再接到另一个员工的电话，因为他听说了那个会议，就想和我约个更早的时间开另一个会，向我陈述他的观点。员工们这样的行为，我非常生气，因为这无益于透明化企业环境的构建。

我已经学会在处理公司政治时先保持客观，了解全部事实后再主动出击，之后发现事情很快就能解决，公司政治也没了踪影。

有这样一个例子。有一名员工，我们暂且称呼她为珍妮丝，来到我的办公室抱怨弗瑞德，抱怨了很长时间。我听了一会儿后，让她坐到我面前，然后我打电话给她刚刚抱怨的那个人，让他也来办公室。当弗瑞德和珍妮丝面对面的时候，我说："好，珍妮丝，你为什么不把刚才告诉我的事直接说给弗瑞德听呢？"

不用说，她肯定会觉得尴尬，但是除了告诉弗瑞德她刚才所说的话外她别无选择。就这样，用了大约 5 分钟便把问题解决了，我们找到了解决方法，没有让事情恶化，这样的解决办法是基于开放和诚实原则的。

我相信，只要办公室有两个或更多的人，通常会有办公室政治。你必须自问该如何防止这种情况，并把它转化成积极的力量。这样直截了当的方式可能不适合你，但你一样可以找到其他有效的解决方法。办公室政治就像八卦、谣言一样，会恶劣地影响到公司的团队合作。不是基于诚信的个人目标对透明企业文化的建立是不利的，而且是在浪费时间。

践行你的主张

要想成为一个在企业中能够践行自己主张的领导者，诚信非常重要。如果你做不到，你的员工便不会敬重你，更不会跟着你做事。

这个规则不仅在大事上适用，小事上也同样适用。我坚信"早起的鸟儿有虫吃"，在员工面前我也曾提过几次。我希望员工都能准时上班，不要比规定的时间晚 5 分钟或者 15 分钟，在我看来，如果他们做不到这些，就是缺乏纪律的表现。我是个早起的人，所以总会在正常上班时间前两个小时就到办公室了。但是如果我比大家都晚到 15 分钟的话，你认为会是怎样的结果？作为一个领导者，我却违反了企业规则，影响了领导企业前进的动力。员工们会认为我连自己所主张的原则都做不到。

另外，我在外为生意奔波时也会践行自己的主张。我们有些员工需要经常出差，他们住在我们差旅部门签约的旅馆里，我也不例外。虽然很多员工认为我会住在五星级酒店或者其他昂贵的宾馆，但事实上我住的也是便宜的旅馆。在市况不错的地方寻找便宜的旅馆还是挺有趣的。我们到纽约出差参观一些金融企业时，我们每晚的房价仅仅是 189 美元，这在曼哈顿是很难找的。

好的领导者要树立榜样努力工作，证明自己所言属实。他们的员工可以直接看到，即使是公司最高层的管理者也向往诚实、透明，为公司利益着想。

透明化的路程

和许多首席执行官一样，我也经常被邀请到大学毕业典礼上做演讲。2002 年，我受邀给凤凰城大学的毕业生演讲。当时，关于企业首席执行官贪污腐败的报道很多，报纸上充斥着企业诈骗的事件。大家对企业管理者的印象很差，我知道他们很可能会因为不了解我，把我也当成那些不诚实的首席执行官，而且我还知道因为他们还年轻，除非他们曾经学习过，他们还未目睹过诚信的发展。诚信已经衰退、沦丧，而且常常遭遇妥协，但是诚信在现今的社会依旧重要，我想让他们知道诚信对于他们的成功有多么大的作用。我给他们写了封信，希望他们能够随时把信放在手边，随时体会诚信的深刻内涵。

致毕业生的一封信

致毕业生：

我曾经也和现在的你们一样，许多年前才踏入社会，而且很幸运地达到了我个人事业的巅峰。我希望你们也能和我一样幸运。但是我不只是祝你们幸运，还要教你们一些闯荡复杂企业界的秘诀。

每个人都必须寻找自己的成功之路，在心里铭记以下原则可能会助你早日走向成功。第一，你需要为你的旅程准备一张地图。现在你应该知道你想要去哪，朝哪个方向行进。今天你的确已经完成了这个步骤，朝那个目标前进了一大步。

第二，你需要技巧与工具，并运用智慧解决掉那些你成功的障碍。另外，完成这里的学业正是你前进的重要一步。但是学习并不能就此停止，在很多方面，学习才刚刚开始。

第三，你必须有动力和耐心。这并不矛盾，而是现实情况的反映。成功不是一蹴而就的，碰上第一个挫折就放弃的人永远不会成功。

第四，你需要他人的帮助。要认识到，你最有价值的资源将是你那些聪明的员工、忠心的同事、博学的导师、真诚的朋友和亲爱的家人。

第五，缺少道德的指南针指引方向，你不会取得什么成就的。不管媒体怎么说，贪婪在商场是无法立足的，贪婪只会导致你的失败。你需要面对是非的两难选择，甚至更难的是从对的中选出更合适的。只有有坚定的道德操守时，才能作出正确的选择。

记住，在这段路即将结束的时候，会有一段时间，你发现自己孤独地照着镜子。经历了一系列的努力、体验、挫折以及成功之后只剩下一件事，那时候你欣赏镜中的自己吗？如果你做到了诚信，那就足够了；如果没有，其他的一切都是枉然。记住这点，你就已经成功了。

祝

一切顺利

赫布·鲍姆

2002 年 4 月 14 日

在信中，我并没有提到扭转局势的方法、领导魅力的作用、社会名流的影响或是如何成为下一个类似唐纳德·特朗普（Donald Trump）这样的亿万富翁；也没有写到策略、投资报酬率或者如何提高股票价格。我写的主要是诚信，因为一切结束之后，不管你的成就如何，大家能记得住的就是你的诚信。

历史书中全是克林顿、科米斯基、福特成功的故事，另外在他们的成就中还透露出他们为人处世的方法，让大家包括他们的后代阅读。那么，你想让大家记住你什么呢？

有些人可能会列举出一些不讲诚信却在商界很成功的人的例子，来证明成功不需要诚信。但这是一条危险的路，因为最终吃亏的还是你自己。即使你不认为应该因为道德规范而正当行事，但是这至少能使你和你的同事免受牢狱之苦。你可能是一位著名的首席执行官或者一个做事低调的主管，但是无论你的领导风格是什么样的，做任何事都要保持透明。

第五章 公司治理

2003 年，领先的网络汽车保险公司 The Progressive Corporation，决定强调他们对透明化作风的重视，他们特意在其年度报告中刊登了两页的裸男造型广告，广告的标题则是"毫无保留"。

这是一个先进的企业想要做到超前思考、使公司透明化的大胆举动，这让他们备受关注。他们还为透明化制定了一些计划，其中包括每月定期发布财务信息。这不同于其他公司只是每季发布，让全世界都知道他们想成为一家与众不同的公司。这是一种让人耳目一新的方法，使他们从竞争者中脱颖而出。

大多数公司很少能有如此直率的作风，但如今这种做法变得越来越平常。如果你面临的是企业改造的挑战，你就必须这么做。你必须诚实地面对公司员工以及社会大众，也必须勇敢地面对公司治理的问题。

什么是良好的治理

治理可以定义为制定决策的过程。而良好的治理应该包括企业所做的决策必须有利于股东，并能够建立有助于培养信任以及股东信心的业务流程。

良好的治理源于透明化。透明化是股东清楚了解企业运作情况的基础，越透明越好，这样会增加股东们对企业的信心，而且还能提升企业价值。全世界所有公司的管理者都想知道怎样把公司治理好，而后建立一个全球都认可的最佳标准。目前大多数专家及透明领导者都认同良好的公司治理必须包含以下四项：沟通、遵循、知识和透明化。

沟通是透明化以及良好治理的重要一环。现在投资者通过企业网站搜寻重要的企业信息，预期得到与企业相关的最新新闻消息、当前的行为守则以及"文化协议"（如果有的话）。治理良好的公司，试着把公司的相关信息、企业文化、财务信息等用简单易懂的语言公布在企业网站上，而不是隐藏在与投资者有关的大量数据里，并且还要很容易就能找到，简单易懂。企业公布的信息应包括公司治理原则以及执行方式。沟通是实现企业透明化的重要条件之一。

遵循就是要符合所有的法规，并且要有良好的沟通，让大家都能知道这些信息。遵循的相关信息应该公布在企业内部网站（或者员工内部网络）以及一般的企业网站上，让分析师、股东、一般民众都能看到。

广泛的知识是公司能够良好治理的另一重要因素，因为这样可以了解到竞争对企业的影响。为了建立自己的业务，这些知识对于分析、制定一个可靠的行动计划是非常重要的。准确的信息流通可以帮助企业通过了解市场状况，预估其对企业的长期影响来维持股东价值。有效运用信息包括对竞争者做好内部评估和预测他们未来可能的企业战略。

公司治理的最后一项重要条件就是透明化。透明化可以构建信任，促进对话与沟通，鼓励诚实报告、开放的文化氛围以及符合道德规范的商业行为。你不可能在缺乏透明化的情况下做到有效的公司治理。

实现有效的治理

良好的公司治理方式就是透明化。这意味着要满足股东们的预期，包括避免诉讼以及其他任何有损资本的事情，并建立企业的实力与信誉。当公司被正确治理时，强烈的责任感会促使企业更加透明，最终走向成功。

从哪里开始？

和过去不同，如今首席执行官及其负责公司治理的人员有许多可以参考的资源，到处可以看到有关公司治理方面的研讨会、调研活动等。顶尖首席执行官协会（Association of Top CEOs）通过在弗吉尼亚大学达顿商学院开设的"伦理学"课程来帮助首席执行官们保持透明化。

对学习工商管理的学生而言，达顿商学院已经是一个很好的学习资源（我曾给他们的学生做过演讲，发现他们个个都很棒），但是伦理学课程仍然可以为那些想要做好公司治理的领导者提供资源，并帮助他们设立相关准则。在接下来的十年里，像这样的组织还会继续产生，对那些想要解决复杂企业伦理问题的管理者而言，这些组织必将成为有用的资源。

尽管目前有这些新资源，但是仍然有一些人很难相信企业能够灌输道德观，让员工遵循这些正确的行为准则。毕竟，如果员工一辈子都没有这样的概念，你怎么让他们遵守这一整套规则呢？

达特茅斯学院公司治理的创始董事艾斯本·艾克博（B. Espen Eckbo）在一期《商业周刊》中发表文章提到："你不可能教会一个55岁以自我为中心的首席执行官什么是道德规范。"

如果艾克博是对的，那么我们将会有一场硬仗要打，因为透明化需要上行下效。如果首席执行官没有强烈的道德价值观，就更不要说其他人了。俗话说"师傅领进门，修行在个人"，但这话只说对了一半。你可以教那些自以为是的首席执行官在商场上的道德规范，如果他能听进去，他可能会了解他的工作处境是否岌岌可危，但是我们没有必要这么做。董事会和首席执行官就应该把强烈的企业道德观灌输到企业内部。那些不这么做的人是很难成功的。

公司治理立法

由几家企业的弊案所导致的立法显示，现今的领导者已经不能忽视公司治理方面的问题了，而且他们不得不为因遵循有关法规而产生的成本问题做好准备。例如，对上市公司而言，萨班斯－奥克斯利法案在行政管理及会计方面就增添了不少实际的成本，单一公司的成本甚至高达上百万美元之多。我曾经想把代尔因萨班斯－奥克斯利法案所产生的成本披露在企业年报里（在我们被汉高集团并购之前），让我们的股东知道政府立法对我们公司的运营有多么大的影响。但是萨班斯－奥克斯利法案是不会消失的，而且企业仍需每年作预算。

一些人相信企业为了遵循法律在科技上花费的成本要比因为千年虫问题在系统上的开销多很多。因为千年虫只是单一事件，而萨班斯－奥克斯利法案却在继续，而且与公司治理立法有关的花费还没有完全计算出来。这就是不正当商业行为产生的资本，一切都是企业自找的。

萨班斯－奥克斯利法案带来的变革包括：自 2005 年起，每个季度呈报财务报表的时间由原来的 45 天减到 35 天；年度报告必须在年终 60 天内提交，而不是现在的 75 天；"重大事件"以及内部交易必须在成交两天内提出申请。所有的这些新制度可能会影响一些企业的旧系统，导致他们只有安装新的电脑系统才能符合规定。代尔的系统是最新的，但是那些系统不是最新的企业怎么办呢？他们不得不立刻找出符合规定的方法。一些企业必须安装新的系统来加速报表制作，确保能赶在截止日期前完成。

另一个与萨班斯－奥克斯利法案等立法相关的成本问题关系到系统安全性，因为企业的数据必须完整、正确。问题是只要是人工输入资料或者操作订货单处理系统，就可能出现错误，所以企业领导者必须将信息技术部门对相关法规遵循的议题放在首要位置。领导者在为公司治理立法花费成本和时间的同时还必须知道，这些是他们未来数十年需要密切关注的问题。

良好治理的成本

在我的职业生涯中，我有幸在一些品牌家喻户晓的企业任职，例如：金宝汤、代尔肥皂、快克速达机油等。但是当时它们当中的许多企业已经陷入了困境，使它们转变确实是个巨大的挑战。我所参与过的每个改造工程，都面临同样的问题。例如，如何削减成本、减少负债，如何创立或重新树立品牌知名度以及顾客对产品品质的信心。但是最大的问题往往是关于企业文化的。你必须知道大家对价值观和诚信的认知及重视程度，而且你还要有独特的公司治理方案来塑造你想要的企业文化。

良好的治理是建立企业文化的必要条件，治理不善则会使你的企业文化走向死亡。当我在金宝汤任职时，创办者的儿子杰克·多伦斯（Jack Dorrance）为企业制定了一套很坚实的价值观，我从他身上学到了永远做正确的事的重要性，我还认识到产品质量是极为重要的以及企业声誉对于维持企业优势的重要性。金宝汤一直都是个很有良知的企业。

我曾经参与改造的公司之一是快克速达机油，在它被宾州石油及壳牌石油收购之前，是一家从事机油买卖、石油和天然气生产、汽车保险、卡车照明的企业。1859年它以生产包括蒸汽机在内的各种机器、马车润滑的原油产品起家，价值6亿美元，有着悠久的历史。当国家进入机械时代后，石油成为工厂和交通的血液，快克速达的产品深受消费者欢迎。快克速达一直都是一家很好的公司，在整个20世纪60年代确实是机油界的第一品牌，但是后来企业却迷失了方向。1993 年的年中，我加入快克速达企业担任总裁兼首席执行官时，企业正每况愈下，我担负起企业改造的重任。当时企业的品牌地位已下滑至第三位，而且还在持续下滑。

快克速达和代尔确实有些事情需要整顿。公司的问题可能是管理不善、策略执行不当或者公司管理失误造成的，但是在快克速达，公司的问题是许多问题杂糅在一起造成的。我当时的责任就是，确立最优的企业经营模式，整顿任何可能导致公司经营不善及公司股票下跌的麻烦事。

在快克速达，有一件需要整顿的事情与专门负责汽车延伸保单的遗产保险部门有关。遗产保险部门被一个失去代理权的代理商控告，简而言之，就是该代理商被收回了代理权，为此在加州控告遗产保险部门以及快克速达。快克速达雇用了一位加州律师作为法律顾问代表公司出庭。我加入公司没多久就和法律顾问一起整理这件案子，他估计快克速达最多只需为这起案件支付 5 万美元的罚款。5 万美元对一个诉讼来说并不是大数目，而且我是后来才深入了解案件的，我相信熟悉这件案子的人所作出的判断。这是多么大的一个错误！我到公司才刚刚两个星期，加州法院就作出了一个 2200 万美元的处罚判决，2200 万美元！这比律师当初估计的数额整整多出了 2195 万美元。你能想象出我当时有多么震惊！

还记得治理就是制定决策的过程吗？良好的治理就是要作出让股东受益的决策。最后快克速达（传统保险）在考虑了股东的最佳利益后以 900 万美元和解。我们之所以和解，是因为如果不这么做，我们必须立即支付全额罚金的利息，也就是从判决生效之日起以 2200 万美元计算，这确实是一笔很大的数目，所以我们以不到罚金一半的金额和解，但是这仍然比原来估计的 5 万美元高出许多。尽管并不是好事，我却从那次的经历中学到了很多。我们生活在全世界最喜欢诉讼的地方，加州法院和西部战场是一样的。我还学到了有时候和解是最好的办法，因为即使你觉得诉讼对公司会比较公平，即便你是对的，陪审团通常还是会偏袒"小人物"的。另外我还切身体会到，良好的公司治理有时候必须作出困难而且昂贵的抉择，因为公司要为股东的长远利益着想。

这次经历影响到我后来的决策，在我任职快克速达以前，因为该公司与其他宾州油品企业联合限定价格，被控违规。到任后，我发现我得处理另外一件麻烦事，尽管它是个很荒谬的控告。这一次我们很快决定以和解的方式解决问题，所付的和解金额是其他选择出庭的油品企业最后被迫付出罚款的 25%。我学到，如果你想尽快解决事情，有时候你只需要尽早面对问题，选择有利于企业、员工、股东的解决方法。在我们生活的这个社会，和解是比较安全的，虽然这很可悲，但这是事实。

强化治理的工具

在快克速达，我们提前为公司治理设定了控制系统和达到良好治理的相关流程，我亲自和首席财务官签核财务报表，我们做了许多现在萨班斯－奥克斯利法案所规定的事情。

公司治理的信息必须传达到中高层管理团队下面的基层员工，否则最好别考虑它。整个企业都应该知道公司治理是什么，为什么它如此重要。传达公司治理的信息就表示要设立基本原则来评估董事会对企业的贡献、管理者工资报酬、并购、继承权等议题。

良好的公司治理是一个长期的过程，对一些公司来说甚至需要雇用专门从事公司治理的人来执行，或者设立免费热线电话等危机管理机制来监测诈骗行为。企业可以利用许多不同的工具来实现公司治理。

有效的公司董事会

现在我们都知道，以价值观为基础的企业文化来源于企业的首席执行官，但是董事会所扮演的角色同样重要。过去董事会成员可能不需要对企业的发展方向多么关心，但是现在的董事会可不同了。

自2001年起，公司治理的巨大转变已经全面影响到企业的董事会，影响到企业如何公告盈余、支付管理者以及管理董事会的预期。现今的董事会必须能够提供明智的建议，某种程度上还要参与决定公司的策略方向。我不是指价值观，而是指对诸如企业并购对象提出意见、参与讨论企业远景及策略发展问题、针对企业业绩提出问题等。因此，一个良好的董事会必须了解企业的业务、认识主要的管理者，并提出完善的财务意见。

通用电气董事会在率先取消总裁杰夫·伊梅尔特（Jeff Immelt）薪金中的股票选择权这一事件中起了重要作用。

通用电气董事会决定以绩效目标的实现程度来发放股票，以此作为整顿整个薪金规划的一部分，并把重点放在绩效上。这是一大创举，很可能其他公司受影响也这么做，而且他们还决定用现金流量来代替盈余作为衡量标准。

杰夫·伊梅尔特在通用电气2003年年度报告写给企业利益相关人士的信中提到："和董事会讨论后，我们为我的薪金发放确立了一些准则，即：要透明化、以绩效为基础、向投资人看齐。为了落实这项变革，我将不再拥有股票选择权或限制性配股，而是改领'绩效股票'。"

这样的薪金规划让股东们对公司的运作情况一目了然，因为现金流量不能像盈余那样可以做手脚，正所谓"现金至上"。要么有，要么没有。一个强势的公司董事会就会要求企业实行透明化。

报表和薪金

2001年，意创（E-trade）的首席执行官克里斯托斯·科特萨克斯（Christos Cotsakos）由于在企业股价下跌期间支领8000万薪金的风波而辞职。新任的首席执行官米切尔·卡普兰（Mitchell Caplan）带领企业成功扭转逆境，他开始重视公司治理，采取策略转变企业的形象。新的意创公司的自我要求比萨班斯－奥克斯利法案还要仔细，而且全由外部董事组成董事会。这就意味着与企业有关的董事必须辞去董事职位，意创公司必须另寻他人。这是现在许多企业丑闻缠身后常用的解决方法。但是撤换董事只是重新树立股东信心的一小步，有时候领导者必须深刻反省，想想自己的薪金报酬问题。

薪金报酬问题对我来说是一个事关重大的热门话题，当我觉得首席执行官的薪金太高而有损企业、员工、股东的利益时，就会感到不安。许多首席执行官的薪金太高，而且不仅仅是首席执行官，职业运动员的薪水也是过度膨胀，他们确实给大家带来了欢乐，首席执行官也给大家带来了利益，但是运动员赚的实在是太多了，有的年收入数千万，比老师甚至是救死扶伤的外科医生都要多很多。另一个薪金过度膨胀的团体是律师，尤其是那些为集团诉讼或者以行侠仗义自称的原告的律师。有时候他们确实是在为那些有需要的人代言，但是大部分时间他们所做的一切毫无益处，最后还要从和解金中拿走一大笔钱。我太太瞒着我以原告的身份填表参加集团诉讼。他们让她填了若干表格，证明她购买的物品，等等，最后她收到的和解金额是……52 美分，你可以想象律师从中赚了多少钱。我们在企业中薪金给付的方式正是公司治理中一项亟须改变的重要议题。

当我到代尔任职的时候，董事会想就我不满整年的任职时间（五个月）给予奖金补贴。我以当年绩效不够好为由婉言谢绝了。为什么要给我分红？我还什么也没有做，而且公司也没有什么大幅度的改进。我会见了管理团队，与主要客户进行商讨，研究公司各项数据，起草了企业的发展战略等。我们向股东及员工展示我们的策略规划，在短短两个月内就向媒体公开展示了我们在财务及组织上所面临的挑战。

完备的继承计划

我觉得继承（succession）这个词里包含成功（success）一词绝非偶然。投资人着眼的是企业的未来，而不是企业的现状，这也是他们投资股票的原因所在。购买股票是基于股票未来的涨势及获利。这也是首席执行官的传承问题对公司治理如此重要的原因。当然，股东也知道公司并非只有首席执行官一人，他不过是团队中的一员。所以一些股东和分析师不仅想了解财务报表，还想了解管理团队成员们的情况。

投资者是真正的在评估企业未来的收入状况，所以他们对现在的管理人员以及其接班人感兴趣是理所当然的。完备的继承计划能够选拔出合适的接班人，当然也可以看出谁表现得不理想，显现出企业的优势和劣势。

我曾经看到过一些人，在我们安排他们参与继承磨炼以测试其在未来挑战要务的能力后就离职了。当你发现有人表现不好，无法达到更高标准时，你就会知道他会妨碍其他有天分的人的发展。我们对此相当重视，因为企业的成功与否关键在于内部的人，而不仅仅是首席执行官。

在代尔，上至首席执行官，下至区域销售经理层级，都在做继承规划。当你达到区域层级的时候，你会发现自己关注的是部门经理及各处室的主管以及更高一级的人。因此，企业内部各层级的人才都有公平晋升的机会。

在一个完备的继承计划中，现任的中层经理人有责任挑选接替其职位的人选。领导者应该让大家了解继承规划的重要性，并且纳入绩效中评估。有很多次我都不得不对一些人解释，他们之所以没有晋升是因为他们还没有找到合适的接班人选。真正的继承是找出并保留优秀的人才，它是塑造企业的唯一方法，董事会的首要任务就是监督管理高层规划出完善可行的计划。

在代尔，我和指定的两名董事会成员组成了管理继承委员会。这个委员会现在已经很了解我手下的几个主要成员，知道他们当中是否有合适的首席执行官的候选人，在其他董事会成员审核候选名单时，委员会便能够提供相关建议。最初的重点主要是成立委员会，代表董事会在社交场合中了解这些人。这是一个复杂的过程，但是董事会会作出最后的决定。我虽然是委员会中的一员，但是首席执行官接任人选并不是由我个人说了算的，虽然过去在许多企业中这是很常见的做法。

在过去的几十年，许多企业根本没有公司治理的标准。首席执行官提拔自己的朋友或家人接任的例子时有发生，以首席执行官朋友或者家庭成员组成的董事会也就能顺势通过提案，形成内部成员关系密切的现象。在代尔，我们所遵循的程序是完全公开透明的，如果董事会觉得内部人员无法胜任首席执行官职位的话，从外部搜寻合适人员的工作就会开始。

一个强大的公司会从不同层次着手处理继承问题。继承是公司治理的一个环节，能够使整个组织更加强化，会使投资人觉得企业更稳健、更有投资价值。完备的继承计划是良好公司治理的标志，因为它能让人知道公司的领导力备受重视。

治理热线

如果员工不认同公司治理，发现同事缺乏职业道德也视而不见的话，公司治理就没有效果可言。企业文化需要以切合实际、富有意义的价值观为基础，这样公司治理才能有效。

安然案发生以前，员工对于企业内部的违法事件通常会保持沉默，生怕自己会遭到报复。在许多企业里，大家普遍认为，如果老板违反规定的话，员工是没有办法越级上报的。但是现在规则变了，在今天的企业环境里，透明的员工都知道直言不讳的重要性。

一些公司利用匿名热线的方法让员工在提供反馈信息的同时能够保障员工的隐私。这就是我们在代尔所采用的方式，如果员工拨打热线，他知道这是匿名的，也就不需要害怕有什么后果。这是我们刻意营造出的企业文化。

如果员工通过热线检举财务上的违法事情，这件事会传到董事会审计委员会会长那里，然后提交给整个董事会处理，并不经过我这里，我也永远不会知道谁拨打的这个电话。

　　总的来说，检举热线可以让员工采取匿名的方式揭露企业内部的违规事件，我们接过各种各样的电话，并不都是抱怨或者负面的反馈。这是一个了解员工需求的好方法，因为当员工拨打热线时，他知道企业提倡开放的文化，拨打热线并不会有什么后果。有些人批评热线制度，因为这样鼓励大家检举违规。但是作为首席执行官，我希望公司没有违规的事情发生。所以我鼓励大家检举，但是我还希望我们能够创建一个有高度道德操守的企业文化，让检举电话不再有用。

通过员工做好治理

　　许多领导者忽视了员工不仅仅只是重要，他们甚至关系着你的成败。在塑造企业文化、为企业带来危机意识或者支配工作团队中员工的行动时，人人都扮演着十分重要的角色。优秀的人才能互相培养出彼此的好习惯，他们之所以如此，是因为心里想的是全体员工的利益。这并不意味着让员工搬弄是非，而是意味着良好的公司治理应该存在于公司内部的各个层次。

　　首先你必须为企业运营作出明确规划，让一切符合最大多数人的最大利益，然后你必须教育你的员工在碰到违反道德规范的事情时该如何处理，并树立良好的风气，对那些有损企业文化的事情进行督查。

　　教育是构建企业文化的重要部分，如果你不让他们坐下来，以符合逻辑的方式表达你的想法，员工们怎么能够明白你对企业的期望是什么呢？

　　我曾经看到过许多公司在员工培训及鼓吹"理想"的人力资源顾问上花很多的钱，最后却没有什么实际的效果。多浪费钱啊！如果你要在员工培训上花费金钱和时间的话，就应该了解什么能激励他们、什么使他们泄气，而且首席执行官不应该只是参与设计训练计划，他也应该和员工一起接受培训。花这些时间是值得的。

良好治理包括保护资产

在代尔，我们采取了独一无二的措施来保护我们的人力资源。其中的一个方法就是执行有效的政策来防止任何员工遭受无故的辞退，除非先和首席执行官，也就是和我讨论，核准后，才能将员工辞退。我们所采取的方法通常是人事主管先到我办公室，说明为什么这个员工要被解雇，我就会问类似"为什么经理人觉得无法培训这位员工成为团队一员"这样的问题。我这么做不是为了事必躬亲，而是为了保护我们最佳的资源，让经理人仔细考虑辞退决策，激励他们更加努力地去培养人才。我觉得，确保我们的员工受到公平对待是我的职责。我会尽力挽留我们已有的人才，而且我认为这还是保障股东最佳权益的过程，因为只有这样才不会浪费人力资源。这是很重要的，而且是卓越领导、良好治理的一部分。

尽管如此，有时候考虑到道德或者绩效，我们不得不解雇某些员工。在这些情况下，对员工也可能是最好的选择。对于无法适应企业文化的人，更不应该挽留他们，因为这样反而会害了他们，他们或许会在别的领域有更好的发展。

这种情形也适用于处在边界的员工，这些员工由于某些原因，在企业表现不是很好。或许他们对企业文化感到不满，或者他们不能很好地融入团队工作，又或者他们就是不喜欢他们的工作。在你解雇这些人之前，你得让他们知道他们自身的不足以及不能继续工作的原因是什么，让他们在不失尊严的情况下尽快离职。这样，当他们离开公司后，会觉得自己受到了公平的对待，可以很坦然地面对离职。他们或许会在其他地方适应良好，也可能将来再回到公司，甚至给你介绍其他有潜力的人才。如果你是一个领导者，你必须了解员工也是有感情、有自尊心的。花点时间好好去了解是很有必要的，也是正面、透明化的领导方式。

如果有实现良好公司治理的最佳方法的话，那就是以简单明了的方式向适当的人传达与公司、公司结构、公司绩效、公司财务以及商业策略有关的信息，同时确定员工也都是这么做的。但并不是到此为止，你还必须更进一步预期企业以外的人想知道的所有事情。如果你在被问及这些问题之前就预想到，并能够给予详细解释，别人会认为你很直率坦白。例如，你可以解释管理者的薪金报酬问题，而不是只在报表中列出数字。这样一来，投资人便能理解企业运作背后的原理。

预期的能力是任何人都能够拥有的，而且是良好公司治理的重要部分。当你预期的时候，就能领先思考，聆听大家的意见，在没有被问询之前就能主动披露有用的信息。我相信，预期未来的能力是成功的一个重要特质。当我在面试那些主要职位的人选时，我都会寻找这个特质。我桌子上有个我常用来回复员工文件的印章，上面刻着"预期未来"，这是我对他们的一大期望。

预期未来就是在事情进一步发生前就去摸索着了解局势。这能帮助你掌握先机，把握市场、产业、消费者购物习惯可能的动向，让你在竞争中永远领先一步。

公司治理和明察秋毫的消费者

已故的广告大师大卫·奥格威（David Ogilvy）曾经说过："千万别低估消费者，她就是你的老婆。"

现在的消费者比以前更加精明。他们是调查者，对产品、服务、企业声誉的信息了如指掌。这一类的消费者，以网络为武器，在家中进行调查作业，希望得到的一切消息都是真实有用的。

另外，消费者的保护意识逐渐增强。几乎每项产业都有所谓的监督团队，他们分析你的产品质量、业绩表现，同时希望得到清晰、诚实的回应。有些人甚至把分析企业价值、产品、业绩、售后服务以及企业生产销售的方式当做自己的职业。

以医生为例,我们能够发现人们怎么从信息接受者转变为调查者。一直以来,医生被视为专家,他们对于你的健康状况所说的一切都是真理。如果医生说你的小孩有过敏症,你就得按医生所开的药方让小孩吃药。但是社会转变了,患者的看法也跟着改变了。现在的医生要面临多方面的质疑,而且病人就诊时对治疗和程序也有许多问题。网络对于促使信息透明化起了极大的作用,它让人们对多种疾病都可以及时取得病例研究报告、公开发表的资料、用药、治疗方式等信息,使得医生以及其他产业的信息向大众公开。患者就医前可以上网搜索医生的诉讼历史、资历、背景。明察秋毫的消费者正是公司治理的主要监督员。有这么多的人从四面八方监督企业的一举一动,而且可以轻而易举地得到信息,所以不管你愿不愿意,都必须做到公司治理的透明化。

洞察公司治理的危险信号

你的公司在治理方面需要加强吗?当不诚实已经导致部门或者企业崩溃时,发现不诚实的事情是很简单的,但是在早期发现征兆并不容易。所以当企业开始陷入麻烦的时候,你该怎么发现呢?建立一个可靠的治理系统是十分重要的,但是你必须同时注意到相关的危险信号,做好监控,并能深入剖析问题。以下是企业陷入困境时的典型征兆:

危险信号一:复杂、含混的会计方式

安然丑闻爆发后,有人说,只要看过安然的会计账务,就很容易发现这家企业有问题。但是如果这是真的,为什么没有人早点出来揭发?为什么没有人发现这些危险信号呢?安然的道德准则只是在表面做文章,这也是为什么没有人想过在公司高层执行道德规范

的原因。

安然丑闻被登上新闻头条后，阿德菲亚传播公司也遭到了同样的指控。经过媒体的曝光，不久后新闻报道中便指出，专门为股东以及公司治理提供服务的法人股东服务公司早就把阿德菲亚传播公司列入公司治理不当的企业。难道当时的金融界和公司的董事们都睡着了吗？

有一家颇具名声的机构早就公开批评阿德菲亚传播公司治理不当，但是却没有人把它当回事。阿德菲亚传播公司是一家把业主权益放在首位的家族式独裁企业，调查工作展开时，公司资产已被掠夺一空，并申请破产，只留下公司股东来承担一切后果。

复杂的内部会计只是公司用来掩饰问题的方法之一。有时候企业会找借口将效益最差的业务部门从公司分离出去，成立独立的企业实体，这样做并不违法，也不一定是企业出现问题的征兆，但是却是值得大家提高警惕的危险信号。

危险信号二：否认

从管理者处理问题的方式可以看出问题有多严重，也可以看出管理者对高道德标准的要求。管理者是否否认并忽视问题的存在或者试图掩人耳目？如果答案不是确切的否定，就应该提高警惕了。在我担任董事时，我经常观察管理者是如何处理边缘问题的。这能看出公司管理者对待道德的态度。

当我还是汽车保养公司迈达斯董事会的一员时，管理者对潜伏在内部的一些问题持否认态度。除非像我一样有在快克速达的经历、对汽车维修零件市场非常熟悉，否则是看不出问题所在的。迈达斯曾经发展了一个专门销售零件的事业部，他们的策略是以快速、按需订购的方式供应独立的经销商。他们在全国各地开设了四十多家仓库，每家都有足够多的汽车零件存储量，因此它的后继市场并不需要堆积很多的存货。迈达斯的管理者一直都在说生意多么好，但是我一直对这个销售概念存在质疑，因为我能看出财务可行性的问题。最后，企业几乎花光了所有的钱后才决定收手。整个过程中，首席执行官不愿聆听事实真相，他似乎是在否认问题所在。最后董事会一致同意让他离职。到了这一地步一点儿意思也没有了，但是我们必须这么做。新的首席执行官到任后，关闭了所有的零件销售事业部，至此，企业的经营才开始恢复正常。

危险信号三：过多的负债、不足的资本或过长的赊账时间

上述任何一种情况都潜在致命的危险，而三者同时发生将会是巨大的灾难。在公司垮台前，安然的前任首席执行官曾经在一段录像中向大家保证，企业的经营状况良好，是很好的投资对象。我认为如果一个领导者花大量时间去消除传言、对股票的下跌不予重视的话，事实和他所想要的很可能完全背道而驰，这背后隐藏的不只是一个危险信号。

好的管理者能够洞察危险信号并能直面现实，不会等华尔街分析师、证交会、记者开始调查后才采取措施。强有力的透明领导者能够揭露问题，公开的对问题进行讨论（即使这样很痛苦）并着手解决问题。危险信号并不都是那么容易发现的，但是你越早发现问题，就能越早解决问题，企业就越可能存活下去。如果企业确实能够恢复原状，那么在透明领导者的带领下，没有理由说它不能转危为安。

危险信号一旦出现，透明的领导者便能找出问题所在，解释将来如何成功，并设置完成时间表。换言之："当我们成功的时候，一个生机勃勃的企业将呈现每年百分之 X 的销售增长，以及每年百分之 Y 的盈余增长。"这样的目标可以让你的员工明白他们应该做到什么程度，以及该如何去做，而且这还是良好公司治理的表现，因为它能让投资者了解企业的规划，并作出明智的抉择。

新上任的领导者，尤其是在一家举步维艰的企业，就好像是一个代课老师，你永远不知道当你走进教室的时候会发生什么，但是

可以确定的是，一切都是未知的。肯定会有大量业务和公司治理方面的问题，以及许多不轻易显现的事情需要处理。

当我加入快克速达的时候，公司已经存在许多危险信号了。在接受《商业周刊》采访时，我坦白地说道："如果我事先做过调查的话，我是不会接受这个职务的。"我的意思是，快克速达的问题实在太多了，我不认为我能够解决它们。但是我们做到了，我们这群意志坚强、精力旺盛的团队做到了。今天，在代尔，我们仍然使用当时用过的许多方法，因为透明经营的策略一直没有改变，它适用于每一个企业。

第六章

善于沟通的领导

沟通可以说是透明领导者最重要的一个方面。领导者必须知道如何进行交流，什么时候进行沟通，怎样沟通是最有效的。沟通是至关重要的：与股东们沟通可以建立信任，与华尔街的分析师们沟通可以建立信心，与员工们沟通可以感到很舒服。沟通就是一切，这是任何行事透明的领导者的策略中不可或缺的部分，好的领导者要努力成为好的沟通者。

当我刚开始成为代尔首席执行官的时候，就决心要了解在那里工作的员工的情况和能够激发他们动力的因素。我知道我必须要做一个善于沟通的人。我已经是代尔董事会的董事，所以清楚地知道前任首席执行官的管理风格，它可能与我的管理风格很不同，我知道这种差异很快就会显现出来。对这种差异有些人会张开双臂赞成这种新的领导方式，但是我知道我的管理方式同样也会面对阻力。

在我进入公司的第二天，我被邀请参加全国销售会议，这是一个能够让我了解每个人也能让他们了解我的绝佳机会。在我等待发言的时候，我环顾我眼前的面孔，仔细聆听他们的销售预测、销售策略、关于提升销售额的机会，还有对明年目标的想法。

房间里的大部分人我都不了解，但是我能够感觉到每个人都以自己的方式表现出对我的欢迎。他们微笑并带有一丝紧张的发言显然是经过精心修饰的。我坐在那里听着。我发现让自己越来越急躁的事实是：与会人员大部分都是男性，很少的女性，几乎没有少数民族群体。我环顾四周，设想有些人可能还未到。然而并非如此。大部分是男性，显然没有少数民族群体。我在很多企业工作过，我发现这是很奇怪却很普遍的现象，而且关于这件事情我想得越多，我听到的别人关于这种现象的说法就越少。我越想越生气，最后轮到我发言了。

我放慢速度说："下一年，当我们再一次开会的时候，将会有更多的少数民族群体在这里，这是咱们这个团队要达到的首要目标。在我脑海里，一支成功的销售队伍如果没有多元化的人群参加，就不可能取得成功。"

房间里立刻安静了。一些人坐立不安地互相看着。"男性俱乐部"瞬时曝光，而我的发言也是最明白不过的了。

内部沟通

当时的情况应该是大多数员工对我的第一印象，我知道那天我并没有赢得太多朋友，但是我说的都是实话，我是认真的。要想成为一名高效率的领导者，你必须清楚地表达你的目的所在，在代尔，这是把我自己融入企业文化的重要方法。从那天起，我就期望会有一群全新的、与众不同的、多样化的员工。

有时候我很直率，但诚实沟通是影响别人的唯一方法。特别是在当今世界，在企业和管理者受到严密监管的情况下，沟通更是利大于弊。经常开展开放的沟通可以压制谣言，帮助人们了解企业内部的情况，这非常重要。

向员工传达一个以道德、诚信、多元化人群为基础的企业目标远景，是透明领导的必要条件。如果你的企业文化不够多元、道德标准不够严谨、缺乏诚信，你就不可能成就一个透明化的企业。而这三者息息相关，如果你无法传达这些想法，你就做不到透明。真正的透明只能在领导者传达企业使命、建立以价值观为本的企业文化以及鼓励诚信经营中实现。

领导者的沟通方式以及其对公司的影响不可低估，因为研究已经证实：投资者、分析师、员工以及媒体对首席执行官的看法会直接影响企业的繁荣。但是在首席执行官的负面影响不断出现后，批判对外沟通的人员开始盛行。商业书的作者、记者及出版社以各种各样的方式不断推出大量关于知名企业家的报道和书籍，但后来都失败了。早年间人们都喜欢报道的知名首席执行官，现如今变成了自吹自擂、人人讨厌的人。媒体开始批评那些曾经上过《财富》杂志封面的领导者，如惠普的前任首席执行官卡莉·菲奥莉娜（Carly Fiorina）（她曾经让惠普的情况好转）。如果这些企业名人稍有差错，媒体便一哄而上，大肆抨击，他们乘坐的交通工具到他们上电视的次数都会成为批评的对象。他们的自我宣传及与人沟通的方法便和企业的负面消息牵涉在一起。商业杂志也开始讨论领袖魅力的风险，即使在今天你仍可以在任何一家书店的商业书区域看到类似《寻找企业救星：对魅力型首席执行官的非理性追逐》（*Search for a Corporate Savior：The Irrational Quest for Charismatic CEOs*）这类的书籍。

有魅力的领导者

变得有魅力究竟有多危险？我倒认为没有魅力更危险。缺乏魅力的领导者如果沟通不良、大家不认同他们或者企业信息传达不好会害了企业。魅力之所以重要，是因为它是沟通中重要的一环。魅力型领导者接受媒体采访时便会提高公司的声誉，最终会有助于公司的收益。

有研究表明：企业48%的声誉与首席执行官的声誉有关。投资一个企业时，你难道不觉得善于沟通、亲和力强、有魅力的首席执行官会比个性害羞、拘谨、无法有效传达企业策略的首席执行官更让人心安吗？当要建立股东间的信任时，信息沟通所用的方法和信息的质量同样重要，如果你是一个有魅力的领导者，沟通就变得容易了。

魅力就是你拥有大家喜欢的某项特质，当大家喜欢你时，他们便会聆听你的言论。他们喜欢你所做的一切，进而喜欢你公司的一切。魅力无法取代绩效或者正当的经营，但却是正面的特征而不是负面的。魅力能够帮助透明的首席执行官更加有效地沟通。

有许多很卓越的领导者，他们经常上媒体，出现在《财富》杂志的封面上（有的甚至上过好几次），接受很多采访。他们谈论他们的事业、个人生活以及员工的事情。人们喜欢的股神巴菲特和西南航空公司的首席执行官凯勒赫，这两个人就经常在媒体上露面，而且极具魅力，他们还很平易近人，散发出说不出的亲切感。只有当领导者显得骄傲、自满、太漂亮、太年轻、太油滑或者某些方面太过头了，人们才会批评。我个人希望大家可以拥有更宽广的心胸，了解个人特质并非决定管理者成功与否的因素。虽然魅力的作用很大，但是只要你做到透明沟通，不管个性腼腆还是交流甚广、极具魅力都无所谓，唯一能对你造成伤害的是你无法实现透明化。

成为一名良好的沟通者实在太重要了，尤其当你想在企业界升到领导者岗位的时候。有效地沟通如此重要，所以当我二十几岁刚刚踏入职场时就去接受了卡耐基的课程。刚开始我也不善于沟通，走上讲台面对公众时总是吓得半死，所以需要接受培训以改善我交流的能力。沟通可以改变大家对你的看法，而且通常情况下这个看法会决定现实。你所沟通或者未沟通的信息会长久地停留在别人的脑海里，大家对领导者的看法也会影响到员工对企业的想法、感觉、认同感以及员工工作的方法、与客户沟通的方式。成为一个善于沟通并且愿意聆听的领导者，可以帮助企业和领导者塑造良好的信誉形象。在上完卡耐基的课程后，面对大家演讲，我已经感到自信而且比过去更加乐在其中。

沟通多样化的重要性

我上任后的第一件事就是观察企业是否是多元化的，与员工初次见面时，我总会很直接地表示出我对多元化的重视。我在金宝汤时也是如此，我告诉集团销售经理，如果一年内他旗下区域经理人中没有一位女性的话，他就拿不到奖金。他马上指派了一位女性区域经理人上任，结果因为她表现出色，他成为最大销售区经理候选人。

在代尔，每位员工都必须参加一次与多元化组织有关的研讨会，而且我们还成立了一个专注于多元化发展的高级管理团队。我自己也参加研讨会，因为身为首席执行官并不代表你有让别人做事而自己豁免的权利。

有很多人对于多元化这个议题只是说说而已，但是我自己却非常重视。一个多元化的组织可以广泛地代表人口和社会，也就是说多元化的企业能够概括反映出全国的人口组成情况，而不仅仅是中上社会阶层的白人社群。多元化企业集聚了许多文化背景下的人才，而且借助他们天分和优势的不同，可以使公司整体更加强大。多元化是企业的资产，而不是为了符合全国代表限额做做样子而已。

沟通企业文化

沟通是建设企业文化所必不可少的工作。领导者所认同的方式将会显现在员工的态度上，因为领导者的沟通方式会影响到管理方式的可信度。

作为一个领导者，解决沟通上的问题并不断改善表达、激励和倾听的方式是非常重要的。你必须能够传达企业远景，始终如一地坚持把价值观和诚信放在塑造企业文化的首要位置，不过首先你必须在心理上了解什么东西能够鞭策你的员工，以及哪些事会影响到你的企业文化。

权力欲望如何影响人们的沟通方式

企业贪婪的最大驱动力来自自我意识和权力欲望。这就是为什么对外自卖自夸、接受媒体采访或者开新闻发布会对某些管理者如此重要。权力现象值得讨论，因为在许多人看来，权力比金钱更诱人，它让人觉得高人一等，即使这只是他的自我想法。权力使人坚强、自信，尤其是对那些缺乏自信，需要利用工作、头衔、地位的重要性来自我满足的人。

对于那些被权力欲望所驱使的领导者来说，上商业杂志或者报纸已经麻木了。我曾经看到过在权力的驱使下人们所做的蠢事。权力使某些人有强烈的满足感和控制欲，同时它也可以破坏整个公司。

罗伯特·格林（Robert Greene）在他的著作《权力的48条法则》（The 48 Laws of Power）中，教大家如何为自己争取更多的权利。作者建议用改道、欺骗和撒谎的手段来得到你想要的。他的建议如下："彻底击败你的敌人"、"不要向任何人做任何承诺"、"隐藏你的意图"，等等。这些意见可能会让那些想在目前企业界存活的年轻主管做出傻事。在市场上看到这类商业书籍，预想下一代领导人拥护这些原则而且以此建立经营哲学，想一想就觉得可怕。事实上现今经验丰富的主管，一眼就能看穿一些花招，在经营上做手脚可能不太容易尝到甜头，反而会让你被捕入狱。

我之所以在讨论以良好沟通来营造企业文化的同时提到这些，是因为领导者所犯的最大错误就是低估了权力所带来的驱动力，以及由此而产生的破坏力。权力不仅仅会使高层管理者犯错，还会影响到员工和各个级别的经理人，最终会毁掉整个企业文化。

如果你仔细分析权力到底是什么以及它对大家的重要性，你会发现权力不仅仅是影响力。迷恋权力的人首先想到的就是自保，以"对我有何好处"的心态作为决策原则，其他人的利益永远都放在后面。他们说谎话以保住权力，然而权力反而导致意见不合。

让沟通保护你的企业文化

与员工沟通有关自我保护和权力等问题的工作需要持续进行，因为那些事情会腐蚀你的企业文化。第一步是塑造企业远景，和员工建立一种协议联系（即使是口头的）："这是我们怎样计划去做必须要做的工作，这些是我们无法忍受的。"你必须把员工中间的任何怀疑一一解除，比如你不能够忍受破坏企业和谐性的因素，像追求权力、贪婪、政治优势、恐惧和报复等。它们不能成为你工作环境的一部分，你必须以沟通的方式把它们解决。

我想给代尔员工传达的第一个信息就是，有一些特定的东西是不能够在新代尔企业文化中通行的。我们在着手改造企业时就开宗明义地告诉员工，每个人都必须诚实、坦诚、真诚地对待彼此。我们也确实这样做了。我们对我们的员工做了保证，坦白地说，如果我们没有非常优秀的员工的支持，就不可能成功地让代尔企业发生引人注目的变化。由于以前领导者的失误，建立公众可信度并且让大家知道我们是说到做到的坦诚发言者，大概花费了一年的时间。

但是，了解员工的想法是使企业变化很重要的一部分，我们有能力修改大部分以前错误的事情，比如相互指摘错误。我们有能力解决很多潜在的不满因素，例如员工在公司的停车场停车还要收费等。公司有收费停车场真是件荒谬的事情，也是很容易就能够解决的。每天你去工作，在公司的停车场居然还要交费，这是什么感觉呢？我们废除了这项规定，今天，停车场采取的是完全公平的先到者先停原则。即使是管理者也没有特殊待遇。坦白地说，这对我来说根本不算是问题，因为我基本上每天早上5点就去工作了。

我在代尔任职期间，我们做了很多保护企业文化的心灵探寻和交流工作。我们共同创造了代尔企业的"文化约定"，而不是上级对下级的约束条令。

互动式沟通

与员工的沟通和婚姻中的沟通同样重要，而且每年要做的不只是几次。你可以想象，如果你和你的妻子或丈夫每年仅沟通两次，你们的婚姻生活能够很顺利吗？肯定不能。现在，在每季度的盈余和业绩报告过后，我会和我的员工分享这些信息，让他们知道企业现在的经营状况如何、企业的未来规划是什么。我会讨论每个事业部的绩效、整个企业的业绩以及其进展情况，这关系到员工每年的奖金。我经常会给他们机会提一些问题，而且我们还通过电视、电话会议让全国各办公室和工厂的员工都能参与进来。

2002 年，当我被邀参加代尔的年度销售大会时，我再次环视在座的面孔。但是这一次，我很高兴情况转变了。我看到现场有许多女士和一些少数民族群体。销售团队变得越来越多元化了。我表达了我的看法，他们也都听进去了。我们的销售业绩在快速增长。

2003 年，代尔的销售团队授予我"顶级热狗奖"，这着实让我受宠若惊。他们特别为我打造了一个不锈钢热狗摊以及一个个性化的围裙，这不是一般的小推车，而是真正可以用来烤热狗和面包的热狗摊，真是个很棒的礼物，这让我觉得自己被整个销售团队所接纳，并成为他们当中的一员，而不仅仅是独自坐在办公室一角、远离员工的首席执行官。如果你努力成为一个开放、沟通的领导者，你就会发现在大家眼里你平易近人，你是团队的一部分。就应该是这样才对。

当我们已经很明显地超过自己定的目标，改变了企业文化，成功地改造了企业的时候，我寄了下面这封信给全体员工：

日期：2003 年 1 月 7 日

赫布·鲍姆致代尔全体员工：

哇！这是形容代尔全体员工 2002 年工作绩效和成果的最佳方式。多亏大家的努力，我们才成就了这令人难以置信的一年！

去年一开始我们便全身心投入，以迫切的使命感专注地投入，所有的这些投入成就了我们非凡的业绩。

回顾 2000 年 8 月，谁能想到截至 2002 年年底：

- 我们削减负债超过 4 亿美元。
- 漂锐洗衣粉在沃尔玛的销售额超过了汰渍洗衣粉。
- 代尔的肥皂业务超越了宝洁的肥皂业务。
- 我们连续两年创下员工红利配股新高。
- 我们的股票价格涨了一倍。
- 在文化约定调查中，55 个问题的调查结果都有所改善。
- 员工流动率低于 5%。

我们连续两年业绩非凡，我们是如何做到的呢？

我们制定符合实际的目标，改正我们的错误，专注于企业的核心业务。我们减少债务，改善企业文化，强调责任制和迫切感并降低成本。通过员工分红计划，他们的投入和辛苦才得以分享这些成果。再次恭喜大家并感谢大家的努力付出。请大家在日历上把 2003 年 2 月 13 号圈起来，对 2002 年的成绩表示庆祝。

然而，我们的成就来得并不容易，进入 2003 年后，我们将面临更加严峻的挑战和预期。为了成功，我们必须做好准备全力以赴。事实上，2003 年将会是我们碰到的最艰难的日子，2004 年之后也不会轻松多少，因为我们在 2001 年和 2002 年表现得太过优秀，所以以后的目标将会提高。在各个领域竞争越来越激烈的情况下，我们的零售和批发客户群都在逐渐萎缩，另外，我们还面临着诸多领域成本增加的问题，例如：2003 年的退休金支出增加 25%、医疗福利支出增加 22%、保险费支出增加 29%，等等，这只是其中的一部分。这些成本都会影响到我们的竞争力，我们必须在其他领域降低成本来保证这些方面增加的支出。

伴随着新一年的到来，我们所面临的问题是："我们该如何延续我们的成功，创造更加辉煌的业绩?"简单地说，我们必须增加销售，减少支出，然后才能比2002年赚得更多。该如何做到呢? 第一，我们必须仍旧专注于核心业务。第二，我们要创新，并加快上市速度。第三，确保我们的成本结构有竞争力，以获得成功的机会。我们必须以高度的迫切感来做这些事。

过去的两年，我们在这几个领域中取得了很大的进步，但是2003年我们要成就更多。因此，我们需要齐心协力剔除企业里毫无附加价值的活动，以优化我们的成本结构。

我们会检查组织效力，来决定哪些地方需要安排更多的人力、哪里需要有所减少，努力使组织需求趋于平衡。我们最好在组织结构还健全的情况下就尝试这些计划，从有实力的状态入手。随着我们的进展，我们会让大家充分了解情况。在这次检查过程中，我们可能需要一些外部的帮助。关于这方面，以后会有更多的消息。最后，我有两个想法:

首先，诚挚地感谢大家持续的艰苦劳动和付出。其次，2003年我们有个强势的开始是很重要的，希望大家以高度的迫切感更加专注地投入。我知道你们都将会全力以赴。

新年快乐!

这是一封感谢大家努力付出、让大家了解过去成就的简单的感谢信。我在年底将这封信寄给全体员工，以表达我对他们努力工作的感谢。他们是否更想收到一个大红包? 或许吧。如果企业业绩好，能够发得起红利，年终奖金是再好不过的了。没错，一个月后大家的确收到了红利支票，但是一封感谢信对员工的满意度和忠诚度仍有很大的帮助，而且你的员工也可能一直记得。大多数员工会对他们自己工作团队的成就比较熟悉，但同时他们也应该知道企业的整体发展情况。

危机沟通

每家企业在一些情况下总会面临危机，而且不得不谨慎处理。危机通常都是从小谣言开始的，进而会发展到不可收拾的地步。谣言是危险的，就像病毒一样在企业里逗留传播，直到破坏了企业文化，造成巨大伤害。

如果你读到这儿的时候心想"谁会在意谣言的传播，迟早会过去的"，那你最好再考虑考虑，因为谣言会影响到员工士气，甚至是股票价格。有关公司的可能出售、会计错误、组织变革、管理不当或是任何负面的商业谣言都能将企业多年建立的正面形象毁掉。

好消息是，良好的沟通能够防止谣言散播，提升大家对企业的信心，这是回应不实指控的有力武器。你有很多方式辟谣：发布新闻公布事实、举行记者会或者以其他方式来澄清谣言。当你沟通的时候，提出事实来佐证你的立场，就有机会改变大家的看法。

我喜欢采用面对面的沟通方式和员工进行交流，但是有时候必须对某一情况作出快速回应，这时候利用电子邮件、语音信箱或信件都可以很快澄清一切。危机下的沟通并不容易，所以你必须做到快速、公开。

我曾多次吸取这个教训，但是我记得特别清楚的一次是：在快克速达时，我们必须关闭位于宾州石油城的企业总部，搬到其他城市。因为当地没有机场，员工上下班的交通成本太高，更别提招聘到优秀人才去石油城担任主管了。但是当我们正要进行规划时，搬走公司的消息却不胫而走。星期五一大早，员工们都穿着黑衣服来上班，而且整个城市都被黑气球所覆盖。后来我们称那天是"黑色星期五"。当然，我们是要事先通知员工的，但是我们没能及时通知他们，因为我们认为这是一件大事，必须经过董事会批准，然后同时通告市场并通知大众（包括我们的员工）。这样做是正确的。所以我们先进行规划、仔细评估，但是消息却走漏了。我吸取的教训是：当员工听到坏消息却发现他们还被蒙在鼓里时，结局肯定不好。你越晚通知员工变化的消息，不管是好是坏，他们就越会觉得不受重视，所以等消息宣布时，他们就弄了黑气球，穿上了黑制服，情绪低落。

危机中：消除疑虑

当首席执行官这么久，我有很多处理棘手问题的经验，其中一次发生在我刚加入代尔后不久。当时企业正在处理一件发生在1988年的性骚扰事件，是我到任十多年之前的事了。

我们要求律师尽快想办法和解、平息这件事，同时也应该主动对员工解释这件事。于是我动笔起草了下面的信件，澄清那些可能影响到开放企业文化的谣言，并让大家知道性骚扰或性别歧视是绝对禁止的。

　　日期：2003年4月29日
　　主题：代尔宣布与平等就业委员会和解
　　赫布·鲍姆致代尔全体员工：
　　今天我们与平等就业委员会就奥维拉工厂内的性骚扰指控达成和解，不再需要经过法院的审判。
　　尽管我们相信我们能根据法律对平等就业委员会对代尔的指控提出强烈的抗辩，但是我们认为最重要的是先平息这件事。我们基于代尔的核心价值准则及道德观平息了这件案子，而不是再去质询一些离职员工当初的行为及决定。现在这件事已经处理完毕，我们又可以把精力和资源用于维持为客户及消费者服务的动力上，并且带领企业再创辉煌。
　　在此，我们要再次强调企业对道德标准的坚持，以及为全体员工提供平等就业机会和积极工作环境的重要性。我们绝不容忍任何骚扰事件的发生，因为这不仅是违法的，而且还与我们长期坚持的无骚扰准则、代尔文化约定以及指导我们每天决策和行事的道德原则与商业责任标准相违背。我们是一家有着美好未来的企业，我想感谢你们与我们共同奋斗时所给予的支持。

这件案子最后顺利地和解了，而这件案子本应该在我到任之前就应该解决的。如果我不寄这封信给大家，谁知道员工心里对于我们选择和解而不选择法院诉讼的决策会产生怎样的负面想法。消除员工对于我们在诚信及目的上的疑虑是很重要的。

鼓励诚实反馈

代尔的沟通和治理规则包括：设置一个免费专线，让所有的员工都可以拨打进来，对那些可能困扰他们的问题发表看法。员工们可以打电话提出问题，也可以检举违反道德操守的行为，这些投诉会交由一个独立的部门处理，投诉者不必担心会有什么负面后果。这是和员工们之间营造开放、诚实沟通的好方式。听起来是个不错的想法，不是吗？最起码我是这么想的，至少在第一个抱怨我的电话之前。

显然，我们信息技术处有人觉得，我可能在企业外包信息技术工程这件事上不够坦白，他担心会因此丢掉工作。我最近曾对信息技术处说了些他们不愿意听到的话，我说，我们打算将信息技术处的工作外包出去。每次这类消息宣布时，谣言总是满天飞，大家开始担心工作问题，怕自己会失去工作，其中有人就打电话发表他的疑虑，还对我个人提出了看法。

结果我们真的把信息技术工程外包了，但是在合约协商过程中，我们确保信息技术处的每一位员工在电子数据系统公司（EDS）有一份工作，并且保障了他们的工作时间至少是两年。我们宣布外包

SAP 系统的安装和执行，这两年将耗资 3500 万元的成本，但是最后在信息系统成本上每年可以节省 700 万—1000 万美元。虽然并不便宜，但是对股东的长期利益而言，这是一项有利的投资。

但是有关这笔交易的投诉电话却很重要，因为这件事让我知道了员工们对此事的疑虑、了解了某位员工或者是其他员工的感受，还让我了解了谣言散播中所伴随的失业恐惧。保障相关员工的工作对我来说是很重要的，但是显然他们并不都是这么认为的。

许多领导者仍然坚信"他们不知道的不会伤害他们"的哲理，但是我发现事实正好相反。鼓励员工反馈并以此制止谣言，了解员工情绪是很重要的。对一些领导者来说，忽视一些棘手问题的反馈远比面对它们容易得多，但是更多的时候，正面处理才是在事情变得糟糕之前消除误会的最好方式。我认为，投诉热线是一个很好的方法，因为这样的反馈是保密而且匿名的。

用沟通来消除谣言

每一个透明的领导者都知道不能忽视谣言的威力。你必须不断地沟通来消除谣言。当我在快克速达担任总裁的时候，关于企业合并的谣言像野火一样迅速蔓延，我自己也不知道谣言怎么传得如此之快，因为 24 小时前我们才刚刚达成初步协议。但是谣言一经传播，各种不同版本的说法也就散播开来。基于协商的敏感性以及法规规定，直到准备就绪后合并的细节才能一一公布。但是事情发展到了我们不得不出面澄清一下的地步，即使这比我们原先的预期要早，我们也得以透明的方式发布合并的消息。在《华尔街日报》报道了这项可能的合并案后，我们起草了以下的文件加以说明：

1998 年 7 月 1 日

赫布·鲍姆致全体员工：

你们大多都已听到或者看过今天《华尔街日报》上关于快克速达和宾州石油即将合并的消息，但报道中对于合并案质疑的举证，要么颠倒是非，要么断章取义。

这次合并将会把两家企业的优势加以结合，在彼此的品牌和服务上互补，以产生最大的增效作用，并大幅度缩减成本。正如我们所期望的那样，将会对股东权益产生正面的影响。

我把这次与宾州石油公司的下游业务的合并看做是汽车售后产业的"宝洁"，也就是创立专门从事汽车保养的特色企业，提供汽车前前后后、里里外外的各项产品及服务。

综观其他产业，从银行、医药、运输到食品业，都可看出企业的规模大小很重要，很多企业开始通过合并来扩充市场、削减成本，以维持其全球竞争力。在今天低通货膨胀经济的情况下，企业的成长必须来自于成本的降低。

大家可以放心，企业的管理者会基于快克速达的未来和股东的利益，全力支持此合并。

此公告发布后，员工们的反应各不相同。我们不想把一切当做理所当然，而且我们知道过度传达事实不会对事情有什么负面影响，因而我们召开内部会议讨论大家所关心的问题，让大家知道，无论我们做什么事都会开诚布公，不做任何隐瞒，也不想在合并以后裁减员工。事实上，我们会尽力保障员工的工作。

对外沟通

一些领导者对外沟通确实很棒，但是处理对内沟通却不怎么样。对外沟通趋于简单，是因为对外沟通的内容通常是陈述公司情况，而对内沟通则是领导对员工坦诚、给员工有意义的答复，两者都与塑造良好的企业文化有关。有些领导者在这两个方面做得不好，因为他们认为没必要什么事都告诉员工，而且作为老板，这是他们的特权。这种管理方式下的沟通模式对领导者、员工以及整个企业都是危险的。

科技泡沫破灭后，企业的评估方式变了，投资者在市场上的投资也更加谨慎。网络影响了全世界的商业活动，在一项对欧洲首席执行官的调查中，有9%的英国首席执行官证实公司11%—20%的收入来自电子商务。毫无疑问，互联网已经改变了企业的销售渠道以及经营方式。它为企业提供了一种接触更多新的投资人的渠道，同时也带来了新的挑战。新技术一经推出，你的公司就得适应，这也会影响你的沟通方式。企业现在通常在网站上公布其年报，股东和分析师可通过网络得到这些信息。这是人们数十年前想都不敢想的，你的利益相关者居然可以穿着睡衣在家里通过网络取得企业财务资料，这比数十年前告诉管理者他们将来会在火星上拥有办公室还令人难以置信。

与华尔街沟通

与投资者和分析师的沟通关系到企业的成败。沟通能帮助他们了解企业的经营状况，澄清一些误解。如果你的业务复杂，与分析师和投资者沟通可以让他们进一步了解企业，但是沟通的方式必须透明并且易于理解。

投资者以今天的现金来购买企业未来的盈余，也就是说，假如你的股票每股20美元，预期一年每股赚1.35美元，这表示你以未来盈收的14.8倍出售股票。根据这些数字，分析师可能会说，如果能达到预期盈收的话，这是家很棒的企业。但沟通是关键，企业领导者必须持续每季度对金融界公布企业目前的运营与每股赚1.35美元的预期盈收相比的状况，并指出影响达到预期值的相关风险。这些都是金融界想知道且应该知道的信息。

当我在公司宣布这些时，我趋向于极端保守。如果没有接近百分之百的达成把握（记得，不要有任何意外），我不会作出任何承诺。这是因为，没有人能够预测未来，即使我们每天拿得到销售报表，知道我们每天卖多少、赚多少、成本是多少。我们可以用这些资料来估计这一季度的销售状况，但是还是会发生一些不可预料的变数。市场变幻无常，世界上发生的大事可能会影响到企业的销售及赢利状况，竞争者可能采取特别的营销手段从而影响到企业的销售额，甚至某种社会流行趋势也会显著影响企业的业务状况。试着在一个流行低糖饮食风格的地方开一家卖生面团的店，你就会明白其中的道理了。这时，对外沟通及更新策略就更加重要了。清晰、快速、详实地传达企业信息是领导者的重要职责之一。

对分析师、股东、媒体和一般大众的外部沟通与对员工的内部沟通同样重要。

与股东沟通

企业经营是否顺利，领导者沟通能力的好坏，都可以从股东对领导者的信任度和对公司的看法上看出。1982年经历了泰诺事件的强生企业，是曾经面临困境但仍然能够保存股东价值及信任的企业。1982年10月，七名芝加哥居民因服用美国止痛药业第一品牌的泰诺胶囊死亡，强生企业也因此陷入了困境。据报道，犯罪嫌疑人在胶囊中掺入氰化物，然后装回原包装放回货架销售，不知情的消费者购买了做过手脚的药品。当年泰诺形势大好，市场占有率高达37%，但是在氰化物中毒事件以后，市场占有率降至7%。

强生企业的声誉一时间受到很大影响，股东们忙着抛售股票。但是强生公司采取了开放的方式来面对危机，公开对大众宣布服用泰诺的风险。很难想象，企业居然会警告消费者在购买自己产品时的注意事项。

强生企业的管理者面临一个很大的难题：如何处理这个与企业最佳获利产品有关的危机，才能不长期损害企业声誉或产品本身？沟通是唯一的答案，而且他们做得很有效。强生的管理者立即决定回收所有的泰诺胶囊，数量高达3000万盒，损失则超过1亿美元。他们宣布不仅回收产品，还要停止产品广告。虽然他们不是这件事情的元凶，但是却对大众负责，向大家保证撤回所有货架上的商品。

回收工作一完成，强生就展开损害控制工作，策划活动重新推出泰诺，重新建立消费者以及股东的信心。

强生企业以透明有效的方式回应泰诺危机，泰诺再次占领止痛药第一品牌的位置。企业管理者没有以否认的态度回应危机，也没有隐藏药物遭人动手脚的事实，他们公开回应，以召回产品接受惩罚，然后继续运营。企业诚实、果断的行动为企业赢得了更多的敬意，也重新建立起了大家对产品的信心。

当他们再次推出泰诺的时候，把宣传重点放在了安全性上。新包装采用三层安全包装，现在美国食品药物及管理局要求所有的开架式药品一律采用这种包装。强生公司提供购物券鼓励大家购买泰诺，而且还训练了 2000 名销售人员到处做宣传，以重建大众对产品的信心。宣传计划非常到位，而且最终有利于股东。

强生企业在处理泰诺事件上开诚布公的态度以及其正面效果，归功于其领导人的英明决策，当然也要归功于其创办人罗伯特·伍德·约翰逊（Robert Wood Johnson）。20 世纪 40 年代，约翰逊制定了企业的使命和宗旨："企业要对使用我们产品的消费者和医药界专业人士负责，要对员工以及其工作、生活的社区负责，要对股东负责。"这样的哲学以及对消费者的忠诚是使泰诺得以存活的关键。如果当初是一个不同的领导者或者不透明的企业哲学可能就会导致这个品牌从此销声匿迹，甚至危及整个企业。

强生企业成功地化解了泰诺危机，但是埃克森石油公司在经历了危机后却没能很好地处理。1989 年 3 月 24 日，埃克森石油公司的油轮在阿拉斯加威廉王子湾触礁，导致 1100 万加仑的原油外泄。严重影响了动物物种的多样性，海豹、海獭、海鸟的数量都大幅度减少。原油外泄还使当地的旅游业受到影响，因为国家公园、海滩及森林都遭到了损害。调查发现，事件的原因是船员长时间工作劳累而无法操控油轮，另一位船员，也就是船长喝醉了。埃克森石油公司因此遭到训练不当和员工工作量过大的指控。

埃克森石油公司的管理者们处理危机的方式与强生企业大不相

同。埃克森石油公司的发言人最初接受媒体采访时回答"无可奉告",这严重损害了企业的可信度,并让社会大众认为企业管理者在刻意隐瞒信息。这是自我防卫、封闭的态度,因而媒体大力讨伐,报纸杂志争相谴责。埃克森石油公司的总裁劳伦斯·G. 劳尔(Lawrence G. Rawl)直到事件发生两周后才飞到阿拉斯加,因此给大家留下了一个负面的印象,同时股东们也看出了他对漏油事件的轻视。

埃克森石油公司最初的回应与强生公司的回应方式完全相反。企业没有向外界解释什么。虽然漏油早已清除,但是埃克森石油公司的处理方式却长久地留在了人们的记忆中。

你永远不知道什么时候你会面临危机,需要你动员大家重建社会大众和股东对企业的信心。在我的职业生涯中,我碰到过很多次,这些事通常会发生在情况最糟的时候,不过这也正是危机的本质,而且你的处理方式还将决定你的未来。如果你的企业文化是透明的,股东和社会大众便会比较愿意聆听、理解、宽恕,但是如果管理者采取防卫的心态或者迟迟不作回应,股东、消费者以及员工自然就会产生怀疑和恐惧。

第三篇

透明化的实践

在第三篇中，我们将谈到透明化的实践活动。这一篇所叙述的内容有很强的实战性，它将协助你拟定企业经营战略和进程，让你成为成功的透明领导者。此篇中的章节还将介绍一些工具，以帮助你执行透明商业的策略。

第七章"关注最有价值的人：股东"主要说明了为何与股东进行有效且持续的沟通是如此重要，以及如何让股东从单独的股票持有者变成股权的拥有者。第八章"企业公民与落实诚信"则审视了一个优秀的企业公民在落实诚信的企业文化及企业声誉之间的联系。第九章"透明化的价值"中，会告诉大家为何透明化领导会成为成功的唯一途径。第十章"通往透明道路上的陷阱"讨论了在建立以诚信为基础的开放企业文化时，会遇到哪些困难，以及如何克服它们。

第七章

关注最有价值的人：股东

对于许多企业来说，自 2001 年开始的经济衰退到后期就是考验企业的生存能力。科技泡沫的破灭，使许多对自己估价过高的企业亲眼目睹了它们股价的暴跌与整个产业的崩溃。管理者们被迫重新思考他们的企业经营方式，而且在诸多方面，整个业界发生了很大变化。

经济衰退的影响范围极广，不仅国内市场，就连全球都受到了波及。全球范围内的个人投资者眼看着自己的有价证券价值缩水，有人甚至因此永远地失去了退休基金。日、德、意、法等国所受到的经济影响并不亚于美国。但即使是在这样遍体鳞伤的经济环境中，有些企业仍然能够持续运行并且营利，它们是如何做到的？

建立透明化的股东价值

许多原本就采用透明化企业战略的企业管理者在一旁静观其他竞争者遭到审查、起诉或是干脆被勒令停业，而自己的公司却能置身事外。当企业经营顺利时，他们有他们的计划；而当企业经营困难时，他们用的还是同一个计划，这个计划就是透明化领导。当其他企业遭到金融风暴袭击时，那些采用透明化领导的企业却秉承其一贯的方式，按照标准，依据公开的价值观继续经营。他们不需要放慢速度来思考一种不同的战略，因为他们已经在做正确的事了！公司的员工、股东甚至是周边市区的居民都可以从中获益。

透明的领导者效力于股东

在研究那些能够长期维持成功的企业时，你会发现他们的领导者是多么的忠于透明化管理以及诚实地向股东发布消息。他们以股东权益的最大化为思量，熟知透明化领导可以让包括投资者在内的每一个人受益。虽然透明化领导是一种非常好的选择，但是并不能通过立法来实现。

这一点在 2000 年证券交易委员会公平信息披露制度执行后得到了验证。公平信息披露制度是证券交易委员会为了保护投资者而制定的，条文中规定，美国上市公司要对所有投资者在同一时间全面公开足以影响投资决策的原始数据与信息。也就是说，企业不能选择性的公开信息，也不能在重大事件发生前只对分析师或是内部人士选择性地发布信息，应该是全面的公开和透明，否则就可能因此受到处罚。虽然这项法案早就应该出台，但自从公平信息披露制度实行以来，还是连续发生了数起史上最大的丑闻案——世界通讯、安然、阿德菲亚以及泰科国际，等等。

一些大企业由于不透明的领导以及有缺陷的企业文化而相继垮台，其中，有些企业不仅不遵守公平信息披露制度，还刻意违反规定。

洛杉矶一家名为里德康纳和伯德韦尔（Reed Connor & Birdwell）资金管理公司的首席投资官杰弗里·布隆其克（Jeffrey Bronchick）说过："要改变导致这些问题的企业文化，就好像挽救泰坦尼克号一样。改革的时候有两大难题：第一，你是在谈论从这些人手中把钱拿走；第二，这种体系形成的方式会使得改革变得缓慢而艰难。董事会会议、委员会的设立、委员会调查结果的裁定，光是批准更换会议酒席的承办方就需要等待很长的时间！"

企业欺诈案导致数以千计的人们丢掉饭碗，经济状况直线下降，而且在美国企业界引起了前所未闻的危机。到底发生了什么？正是那些管理不够公开和诚信的公司管理者直接导致了股东的利益受损。

管理者们为了把企业做大、做强，其实肩负着很大的压力。这一点大家都知道！但是你不能让这些压力变成那些影响你决策的因素，否则的话，对于那些持股人来说将一点帮助也没有。

管理者应该经常坦诚地与股东们交流，以诚相见，了解他们购买股票的动机，以获得他们的支持。股东之所以购买股票，是因为他们对这家公司有相当的预期，并且希望在一个相对不固定的期限内达到预期。如果没有达到预期，他们就会卖掉股票；如果预期达到了，他们可能会有新的预期或是继续持有股票直到新目标实现，抑或卖掉股票去干别的事。持股人反映新的现实，所以对于领导者来说理解他们是非常重要的。

持股者与股权拥有者

作为管理者的你不可以有任何不切实际的期望，认为股东会一直等到他们的期望落空时才会按动键盘卖掉股票。你应该设立一个透明、现实并且能够坚持做到的目标，这样，股东们才会一直支持你。对于投资者而言，虽然你达到的业绩数字很重要，但这不是全部；这些数字的质量、你是如何做到的、股东的参与，这些也同样重要。

股东只会针对未来的销售增长与收入投资，因为这就是他们投资的目的。如果你够聪明的话，那么你的战略中一定包括如何把这些股东从持股者变为股权拥有者。所谓的股权拥有者，就是那些为了长期持有而购买某家公司股票的投资者。对于企业而言，这些人是最佳的投资者，因为他们是相信股价持续稳定增长的长线型投资者，而且他们很关心企业经营的透明化程度。持股者也应该同样关心这一点，但是有些持股人很少在意这些，因为他们的预期并不是根据公司战略的透明程度而形成的。但是股权拥有者却很关心企业的透明化程度、长期增长以及产品的使用寿命，因为他们有着更长远的投资眼光。如果你管理企业的方法不够透明，他们会感觉到企业的前途并不光明。你必须用持续且坦诚的交流打动你的持股者，那么或许某一天他们就会成为长期的股权拥有者。

作出让股东获益的变革

透明化管理有时候就意味着要作出巨大的变革。我刚到代尔公司任职时，资金十分短缺，所以我们只能挪用先前用于股东红利资金的一半来偿还我们欠下的高额债务。毋庸置疑，一些股东对于这种大幅度削减他们红利的做法很不满意，我们跟股东解释，如果我们不以偿还债务的方法来解除公司所处的困境，那么公司运营的状况只会变得更糟。2000 年 8 月，公司的银行账户上只剩下 900 万美元现金，在现金困境下公司别无选择，只能采用减少股息的方法。接着，我们就开始想办法减少前管理层陷入的合资案与并购案的损失。我们低价出售那些垂死挣扎的并购企业，虽然稀释了企业股东的权益，但最终而言这仍是一招妙棋，因为企业恢复正常运营将使他们在代尔公司的投资更有价值。

长期企业战略的交流

2002 年年初的时候，我接到来自汉高集团（Henkel KGaA）衣物清洁事业部执行副总裁克劳斯·莫尔温德（Klaus Morwind）的电话。汉高集团是德国一家专营家庭日用品、个人清洁用品、黏合剂、密封剂以及其他类似物品表面处理产品的大型企业。克劳斯表示，汉高集团有意收购代尔公司的衣物清洁事业部以扩大汉高在美国的市场份额。汉高集团当时已经拥有高乐士（Clorox）将近 30% 的股份，以及另外一家位于明尼阿波利斯生产清洁卫生用品的益康（Ecolab）公司大约 30% 的股份。除此之外，在美国市场汉高旗下还有达克（Duck）胶带、乐泰（Loctite）黏合剂以及一些护发产品。虽然他们在欧洲是衣物清洁领域的龙头老大，但是他们却没有涉足北美的衣物清洁市场。

从加入代尔公司的第一天起，我就认为将代尔公司以最好的价钱、在最恰当的时机卖给最合适的东家是对公司所有股东及员工最有利的决策。同时，我认为对于一个实行全球化经营战略的企业来说，收购代尔公司将有助于拓展其在美国的衣物清洁业务，但是我万万没有想到的是，找上门的东家竟然是汉高集团。毕竟在我到任之前，代尔公司与他们刚刚合作过，而且我第一次也是最后一次看到汉高的首席执行官就是在我飞往杜塞尔多夫的汉高总部去终止代尔公司先前与汉高的合资案的时候。当初的合资协议在我到任之前就签订了，合资协议终止时，汉高和代尔公司都损失了数百万美元。当初代尔公司的高管层在签署这个协议的时候，行事一点儿也不透明，对协议了解得也不够透彻。

所以不用我说想必你也能猜得到，当接到汉高集团衣物清洁部执行副总裁的电话时，我是多么的惊讶。我告诉他，我们并不打算单纯出售代尔公司的衣物清洁部门，代尔公司如果要卖的话，就会把企业整体出售，而不是部分出售。但从那次通话之后，克劳斯·莫尔温德每个季度都会打电话给我，直到 2003 年的夏天他再一次打给我时，才说这一次汉高有意整体收购代尔公司。

同年 11 月我又飞到杜塞尔多夫，但是这次我住在了一个更好的饭店，而且谈论的话题是成立什么，并非解散什么。汉高集团的管理者们很高兴，对我也殷勤款待。

由于我有一个德语的姓氏，所以他们问我老家在哪里。当我告诉他们我的祖父生于科隆并在那里当过老师时，他们特地在当天下班后派了一辆车带我到那里看了看。从杜塞尔多夫开车到那里大约要 45 分钟的车程。汉高集团的管理层表现出极佳的合作诚意，在那次杜塞尔多夫之行中，我会见了汉高公司几位高管，并与汉高公司的非执行董事长阿尔布雷特·韦斯特（Albrecht Woeste）在他办公室里交谈了很久，但是我们并没有谈到收购的资金与合约，我们只谈到了企业文化。我向他表明我此行的目的就是保住代尔公司所有员工的工作。经过交谈，我立刻喜欢上了韦斯特先生和他的商业哲学，对汉高集团产生了很好的印象。

双方合并的合约是 12 月 14 日在芝加哥签署的。为了做到透明化，我们觉得应该在第二天早晨七点半，也就是大家还没有从媒体上得知此消息前，先行向员工宣布这项协议。在合约实际签署前，我们还不能告知员工，因为在这之前我们还有很多合作细节要和汉高方面厘清。但是合约一旦签署，我们就会尽早向员工宣布这项消息。我们同时通知我们的雇员、股东及客户，并且召开新闻发布会回答相关问题。这项消息对大家来说其实一点儿都不意外，因为从我到任代尔公司开始，就一直在讨论出售代尔公司的可能性。我从一开始就认为，代尔公司如果以单一的企业结构在市场中单打独斗的话，成长空间将会很有限，这一点我从未隐瞒过。我自己宣传这个想法，承担起企业透明化经营的责任，来吸引合适的买家，从而让代尔公司从整体上得到加强。汉高收购代尔公司，对于代尔公司的股东来说在很多方面都是一件好事，这会给企业注入新活力，并确保企业未来几年的发展前景。之后一次偶然的机会，汉高的一位员工告诉我，在他参加的某次为汉高高层管理者举行的圣诞午宴上，曾听到有人提到我的名字，他说大家谈到了我以及我关心代尔公司员工的执著，大家给了我很高的评价。我听了他的话后，真的是受宠若惊，同时很高兴他们能理解我对员工的关爱。

透明化领导如何影响投资散户

清晰且合乎职业道德的商业计划通常都能禁得起时间的考验。

在任何时候，它们都是正确的策略，并且以投资者利益的最大化为目标。一个未以核心价值观为基础且被错误地执行了的商业计划，不仅有损员工和股东的权益，还会对整个经济实体及每一个人产生影响。

企业大幅度裁员，削减数以千计的员工，有些城镇可能就此陷入混乱。一家因贪污或战略不当而垮台的大企业可能会导致数千人失业，打乱他们的退休计划，甚至破坏他们的家庭。每一位领导者与管理者都应该为了整个团队的利益而做正确的事。如果你把企业溃败所影响的外部人士也一起算进来的话，这个队伍是相当庞大的。所以，你的商业规划、你传达商业规划的方式以及你执行它们的方式都要透明化。

在股权独立、公开上市的代尔公司里，我们的投资人关系处处长对公平信息披露制度相当熟悉。代尔公司不仅逐字逐句地执行此制度，而且在其他方面也特别地强调透明化，不单单是报表方面。公平信息披露制度是一种很好的制度，因为它要求全面且及时的信息发布，这就为那些公开上市的公司提供了一套标准供它们遵循。虽然我说过透明化领导是不能通过立法途径来实现的，但是这项制度的确给了那些不知道从何下手的企业以指引，鼓励所有企业提早且经常地发布消息，在报告经营业绩及发布信息的时候可以更详尽一些。这项法规同时也要求上市公司用普通百姓能够理解、通俗易懂的语言，按特定日期发布信息，必要的时候要即时发布信息。当企业能够把以上几点都做得很好时，市场就能够预期企业状况，而股东们也能够在深思熟虑后作出明智的选择。消息发布不应刻意安排时间或者有所保留，而是应该透明公开、可供任何人查阅。

在前面的章节中我曾经提到，当我刚到代尔公司时，因为发表了长期而言出售企业对股东是最有利的言论而使得自己置身于小小困境之中。这的确是真的，但是同时我必须让大家了解，我们从来不会为了拔苗助长而制定短期计划，或者可以说我们不会因为要出售企业而刻意把企业做大。与此相反，我们会制定战略性的计划，把重心放在发展核心项目、削减债务以及创造营业利润上。我们没有能够预测未来的水晶球，所以无法知道未来的销售状况，这表示我们必须把目光放在近期的效绩上，一步一个脚印地执行。我们必须重新取得投资者的信任，但是我们并不仅仅与大型投资法人交流，而是要向所有人宣布，让投资散户和其他人都知道正在发生什么。

实行透明化领导的管理者知道，虚报短期数据来为公司的出售做准备是不明智的，因为那样是不会有持久效果的，而且那样做不仅不会长久地增加股东权益，也不会对员工有任何帮助。在过去的10年中，由于投资者追逐科技股而使得许多公司的股价下跌，他们在竭尽全力地遏制这种情况的时候却忽略了这一点。股市崩盘后，股东跟着变线，这番变化使得投资者的投资方式也发生了改变，最后企业会发现他们的股权拥有者越来越少，而持股者越来越多。

告诉所有股东：我们的企业实行透明化领导

如果你有意识地以透明化的领导方式来经营企业，那么你最好站到屋顶上大声喊出来，让所有人都知道你发布的数字是准确的、提供的企业信息是明确连贯且毫无保留的，并且利用市场上可用的工具来保持管理的透明度。现在市面上有一些软件能够帮助企业做好监管及推动萨班斯－奥克斯利法案的推行；有些公司研究并且推行使用股东汇报系统提供了最好的使用训练。另外还有一些网站提供资源，教大家如何与投资者沟通，更多地了解股东。学习如何接触股东并且坦诚地与股东交谈任何事情。

不容小觑：熟知你的业务

许多身处困境的管理者都不明白熟知自己业务的重要性。他们如果遇到了什么不理解的事情，要么暂且把它们搁置一边，要么干脆加以隐瞒。实际上，他们低估了知识的重要性。

如今知识比以前更重要了，如果你要实行透明化领导的话，你必须全方位地了解你的企业。遇到不了解的地方，你就要想尽一切办法寻找答案，直到找到为止。这是非常重要的。

获取知识是实行透明化领导中至关重要的一环，因为对于那些你不了解的事情就更谈不上诚信以对了。熟稔你的业务也是为股东创造价值的一大条件。

财报简介

像熟知财报这种事情不应该再留给会计人员去做了，首席执行官也应该提高业务能力，理解、审阅、分析财报。优秀的首席执行官知道，深入了解财报对于与股东的透明沟通有很大的帮助，透明化领导可以赢得投资者的信任，所以尽可能地强调自己有多么的开诚布公是很重要的。通俗易懂的财报是传达这种开明态度的工具。

在如今的企业环境中，企业的股权大多由那些法人股东所控制，他们拥有内部调研部，所以可以侦查企业。但其实投资散户往往也了解企业的财务状况。如果你是上市公司的领导者，或者想成为上市公司的领导者，了解财务数据及其背后的深刻意义等细节，就和了解企业的发展前景一样重要。安然的溃败就说明，熟悉损益表、资产负债表、资产负债表外的交易以及现金流量表等细节是所有管理人员的责任。

损益表

传达透明化领导的方法有很多种，如文字、行动或是数字。损益表是企业与股东透明化交流的另一种方式。

基础会计活动会告诉你，损益表上最重要的数字就是总的营业损益以及其占总收入（净销售额）的比例。损益表对投资人而言是很重要的报表，因为大家都想看到营业额的增长，这既包括总收入的纯数字增长，也包括其占总利润收入的百分比。这通常表示，企业的经营收入增加，而且成本与经营费用的控制也越来越有效率。由于各个行业的目标比例都不相同，所以赢利没有所谓的最佳比例。如果你领导一家企业却对损益表、资产负债表、现金流量表上的每个数字都不是很了解，那么你就无法做到真正的透明化领导。

当你面对媒体、金融分析师以及其他人宣布财务消息时，一定要完整并且一致，所发布的基本信息对每一个人来说都要通俗易懂，并且要解释得非常详细。例如，睿智的投资人就知道该怎样理解那些财报数据以及重大事项的财报注解，他们知道财务信息用处很大，但他们也知道，并不是所有的资产和负债都可以用会计数据来衡量。有些企业会把那些不易计量或是并非因特定历史事件而留下的资产排除在资产负债表外，而这些正是需要解释清楚的项目。举例来说，可口可乐并没有把估值大于 500 亿美元的注册商标列在资产负债表之中。波音的资产负债表也并不包括其庞大的工程师团队及航空专家们产生的价值。这些无形资产可以使得那些经营成功的企业其股票市值比财报显示的价值高出很多，这就是向股东传达这些信息是如此重要的原因。如果股东还需要自己来揣摩字里行间的意思，那就表明你做得不够透明。

重新赢取股东的信任

2003 年，接二连三的丑闻撼动了华尔街最受信赖的几家企业，长期投资者这才如梦方醒。情况已经大为不同了，华尔街要如何重拾投资者的信心呢？监管人员披露了冲淡其他投资者利益的可疑财务活动，几家大型对冲基金公司的信誉受到了永久的影响。有些对冲基金公司利用业内所谓择时交易的做法，让那些管理者利用全球收盘后的时间迅速倒手，买进、卖出基金，所以他们可以在外汇股价与债券的潜在价值间短暂的变化中投机。择时交易是业界内一种广泛流传且被接受的做法，2002 年的《华尔街日报》还刊载了证券交易委员会所做的相关报道。

这篇报道指出："若一所持有亚洲股票的美国国际存货基金的资产起始值为 5000 万美元，在外流通股有 500 万美元的话，则其每股股价或是每股净资产价值为 10 美元。对冲基金的交易员看到前一交易日的亚洲股价下跌 10%，就表示其国际性对冲基金在美国东部时间下午 4 点计算下次基金资产净值时，其股价也将会以等比例下跌至 9 美元。但是交易员同时发现，亚洲股市要提前几小时收盘，收盘后所发布的一些利好消息，有可能在隔天亚洲股市开盘时，推进昨天的股价，所以交易员就在今天以每股 9 美元的价格，以 1000 万美元买进 111 万股基金。如果隔天亚洲股市恢复至之前水平，整体资产价值就会增至 6000 万美元，而交易员就能以每股新净值 9.82 美元卖出。这一进一出之间，交易员原本 1000 万美元的投资额就增值至 1090 万美元。"

我并不是生意方面的专家，也不是对冲基金的交易员，但是很多熟悉此市场机制漏洞（挑选进出市场的时机）的人，却利用这种不透明的手法操作。为了获得更多的利益，他们企图瞒过投资者直接与大盘抗衡，这恰恰与透明化领导的原则背道而驰。

监管人员之所以针对此做法进行调查，是因为这样有损于长期投资者的利益。斯特朗对冲基金（Strong Mutual Funds）的总裁理查德·斯特朗（Richard Strong）因为择时操作而遭到起诉，与此同时，另外一家美国最大的对冲基金普特南投资公司（Putnam Investments）的数名员工也因同样的理由遭到起诉。这件事给我们最大的教训就是，即使择时交易看起来已经很普遍，而且许多交易人员也都这么做，甚至连最有影响力、最好、最聪明的交易员也这样做，但是他们并未看清一个事实：虽然很多人都这么做，但是这并不表示那样做就是正确的。

违反规定的做法是不会被接受的，股东会计企业了解到这一点。2000 年 12 月，朗讯科技（Lucent Technologies）因为承认虚报约 7 亿美元的季度营业额而成为媒体头条。虽然该企业有着远远多于其他上市公司的股东数——530 万名股东，但其销售业绩始终下滑，无法达到赢利预期。朗讯的首席执行官里奇·麦金（Rich McGinn）一直不承认公司的困境，并且把业绩欠佳归罪到他人身上。但是即便这样也没能挽救他，他被董事会投票罢免，一位领导方式透明、能坦诚地与股东交流的新执行董事上任，他从不会对外宣称过度乐观的预期，或是昧着良心虚报数据。每季财务预测中过度浮夸的成长目标都不是衡量成功与否的指标，企业的前景、稳健和活力才是。

在我任职于快克速达和代尔公司的时候，我们所承接的股东都因为曾经遇到前任管理层的误导，而对我们怀着质疑与愤怒的心态。由于前任管理层自己所做的预期与承诺未能及时兑现从而失信于股东，且连续几个季度都达不到赢利预期。以至于在我接任后，首先我要着手重建大家对公司的信心。在这样的情况下，新的管理团队一开始就必须让大家知道企业准确的经营现状（即便很糟），然后再提出计划来改变现状，告诉大家需要多久的时间整治，并承诺对大家定期报告进度。我们还会勾勒出我们未来会取得怎样的成绩，但是不会为了乐观的评估而作出达不到的承诺。实事求是是很重要的，这样才不会有压力去达到长期不切实际的预期。当你感到必须去达到不切实际的数字的压力时，你就很有可能开始不择手段或是耍弄财务诡计以达到目的，很多人就是这样引火烧身的。

第八章

企业公民与落实诚信

企业的品行是无价的。大家对透明化的重视使企业纷纷关上门自我检讨，由封闭防御的心态且自我纵容的唯物质主义形象转变为以诚信为基础的公开回应。从此，透明化领导的概念走进了大众的视线，并且再也没走出过他们的视线。

优秀的公司

2003 年，波士顿大学的企业公民中心为全国范围内的工商管理硕士举行了一场比赛，最佳企业公民论文可获得高达 5000 美元的奖金。这场比赛是由像可口可乐、高乐士、保德信金融集团（Prudential Financial, Inc. ）等著名企业赞助的，旨在教育下一代企业责任的价值。密歇根商学院的杰西卡·布林克曼（Jessica Brinkman）以《企业的社会责任感可以改善财务状况吗?》一文摘得桂冠。

最近"企业社会责任感"（CSR, Corporate Social Responsibility）这一概念经常被提到，它的内涵比一个公司把他们的产品做得更加好看要深刻得多，至少理应是这样的。那些向慈善机构提供救济的企业不再是新鲜事，而社会责任感则远远超出施舍的范畴，因为它要求你对你工作和生活的社区以及产品所影响的人群负责。但是企业责任感真的有用吗？

诚实——最新的企业资产

近年来频传的大型丑闻及欺诈案凸显出美国企业价值观的沦丧。在此之前，以诚信、高尚价值观经营品牌和事业的企业只是例外，不是标准。基于价值观和诚信的企业很少，它们所做的事情与企业界一些让你时有耳闻的企业欺诈贪污相比，更像是能让你耳目一新的爆炸性新闻。

但是现在的情况已大不相同，诚信是人人想要拥有的资产，优秀的价值观已经成为潮流，如果你的企业没有它们，那么很可能失败。你的客户要求你诚信，股东要求你诚信，甚至分析师也这样要求你。如今在商业领域对是非有了更清晰地划分，越来越多的人行使自己的权利从那些能正确行事的企业中购买产品或是与它们合作。新一代的消费者更加精明，他们购买产品时所选中的公司更加可靠、实在。企业责任感与账本盈亏结算线有一定联系，它的确重要，但这一切必须真诚，而且必须和企业文化相吻合。

回馈——企业的责任

透明而强有力的领导者知道，为股东的最大利益着想，仅仅做到准确报告数字是远远不够的，还必须对员工负责，让他们知道取之于社会的同时还要回报社会，也就是要教育员工有回报社会的价值观、做事要诚实与负责。

员工们真的在意这些吗？我认为答案是肯定的。员工们在意他们是在为什么样的公司做事，他们希望自己是那些倡导优良价值观公司中的一分子。做事负责且公开并不表示你就会失去竞争优势或是谈判能力，大家常常把当好人和做好事拿来与竞争力相比，但是其实你可以两者兼而有之。在代尔公司，当我们与其他企业谈判或是开会时，我们仍旧会坚持我们需要完成的议程与目标，我们有我们的策略，等待最佳时机出招，以获取对我们公司来说的最大利益，这就是巧妙的生意方式。但这并不表示我们不够真诚，我们在作为精明的生意人的同时也要对社会负责，这两者之间必须有一个平衡。

21 世纪的领导者

培养真实的价值观与建立诚信的企业声望是一个很沉重的命题，但是透明的领导者会试着去完成这些任务，他知道职业操守、价值观以及诚信对壮大企业及提升其品牌的重要性。新式领导者认识到经济稳健的价值，知道企业怎样通过慈善事业一类的事情来促进企业的经济稳定，也知道经济实力与社区的稳定会转而对企业有何裨益，进而影响员工以及他们所服务的社区居民。透明化的领导能够以大局为重，懂得回馈社会，对于企业应对所在小区尽职尽责这个问题作出明确的表率。在代尔公司，我们精心设置了丰富多彩的企业回馈项目，而且员工们可以在我们的企业文化中了解到企业回馈的重要性。我们之所以帮助非营利性组织和民间组织，是因为这样做能让整个生活环境变得更好。

当我在金宝汤公司工作时，我们塑造了很深厚的企业文化，并且实施我们所谓的"金宝信条"，它反映了我们以诚信经营的策略。我们承诺要成为优秀的公民、诚实的员工、打造消费者可以信赖的品牌。金宝汤做到这一切的方法之一，就是通过一个我们内部的"死亡诗社"（Dead Poets Society）——每个月各事业部的主管都会参加的非正式聚会，让大家在晚餐的时间讨论一些话题。"死亡诗社"这个名字从一部卖座的电影得来，片中描述了一位理想主义的教师在 20 世纪 50 年代保守的寄宿制学校中启发学生，让他们保持自己的个性、追求自己的梦想。

在死亡诗社里聚集了金宝汤南北美区的首席财务官，人力资源部、生产部和销售部的部长。平日晚间在樱桃坡的凯悦酒店内用晚餐时，大家轮流带头讨论，避免有人一直主持这个聚会。我们希望通过这个讨论来传播领导力，不偏不倚地保持开放的风格。

死亡诗社的独到之处就在于，每个人想说什么就说什么，没有人对其他人的职位有任何觊觎。为了追求更好的企业前景，我们对一切都很开明，我们分享一切事情，没有政治斗争，这是一个透明的组织。这些聚会对于树立开放、诚信的企业文化有长远的帮助。

在代尔公司，我每天早晨六点半喝咖啡的时候会和投资关系部部长、首席财务官以及任何来得足够早的人一起畅谈一些重要的问题，我们一起踱步到公司的餐厅并且谈论公司近况。这期间，要是有员工路过餐厅去他们的办公室的话，我们就和他打招呼，借此也认识了许多不同的面孔。

在孩之宝（Hasbro）玩具公司里，没有所谓的死亡诗社，我与大家保持联系的方法是在公司里设置两个办公室。因为总部大楼实际上有两栋办公大楼，两栋大楼的员工没有太多机会接触，所以我在每一栋楼里都有一间办公室，每月各在两个不同的办公室里办公两个星期。在某些炎炎的夏日里，我会穿上围裙，在走廊上推着红色的手推车为员工们提供冰激凌，以此来更多地了解他们。

我相信，即使是最微不足道的事，只要领导做得足够明确且主动与员工沟通，都有助于培养带有人文关怀的企业文化。你可以努力塑造消费者信赖的品牌，并且培养诚信至上的企业文化，但是你必须从建立个人沟通开始。雇员与经理必须尊重你，并且了解你对他们的期望。透明的领导必须明白培养那些日后能够传承诚信、职业道德及透明化领导理念的员工的重要性。

传承诚信

"9·11"事件后，全美弥漫着爱国情绪，甚至一些过去从未有过爱国热情的企业也跳上了爱国游行的花车。所以美国人开始疯狂地购买国旗和任何带有红、白、蓝颜色的东西，企事业单位在办公室里也挂上了国旗，紧接着美国就闹起了国旗荒。不久，各处的国旗都卖光了，制造商们得加班加点抢时间制造更多的国旗。

许多公司由于他们的领导者真切地关心这件事而加入到帮助灾民的队伍中。代尔公司在"9·11"事件后推出了爱国主题的瑞娜特（Renuzit）蜡烛特卖，并将部分销售所得捐给了美军慰问协会（United Service Organizations）。我们还发放给每位员工一个代尔公司企业旗帜与美国国旗交叉的别针，以表达我们对国家的援助，一年后，我们又再次发放了一枚写有"代尔公司铭记在心"的别针。

我们真的铭记在心。"9·11"惨剧后，即便当时我们一直支持的联合募捐运动组织（United Way campaign）已经有资金募集活动，我们还是尽全力为受难者家庭募捐了很多钱；我们在办公大楼里悬挂上美国国旗，一直到今天都没有摘下来；我们还在厂房的墙上刷上了国旗，在斯科特斯德机场航道附近的某个楼屋顶上漆了一幅美国国旗，让飞到斯科特斯德的旅客在飞机上看到代尔公司的支援时，精神能够为之一振。我们这样做并不是因为能够促进肥皂的销路，而是觉得表现爱国之心和伸出援手是我们对社会的义务和责任。

真正的社会责任感远远超过慈善活动，落实于企业所倡导的理念之中，不仅仅限于金钱的捐赠。

但是，有些企业是因为不想表现出漠不关心才跳上社会责任的游车凑热闹，希望大家认为他们确实倾囊相助了，但在树立企业品牌、服务形象与做正确的事之间，他们更加重视前者。"9·11"事件以后，国内的广告商立刻搭上这股爱国潮，而且刹那间似乎所有的企业广告活动都瞄准了这股兴起的全国爱国热浪。电视广告上充斥着国旗与官兵，到处都是红色、白色和蓝色。福特汽车开展了一个零利率贷款购置卡车的活动，从而把"9·11"惨剧与他们所谓的"让美国继续前进"的目标联系起来，但他们的实际目的，显而易见，只不过是促销卡车而已。

一家名为玩具反斗城（Toys-R-Us）的公司，开展了一项针对儿童的促销活动，口号是"画国旗，作贡献"。在广告中，玩具反斗城表示他们会给孩子提供免费的纸张与彩笔来绘画国旗，只要他们的父母在星期天前带孩子到任何一家玩具反斗城的专卖店。领着孩子去玩具店逛逛，这样玩具店就可以多卖点玩具，不是吗？

最后，当你打开电视机的时候，看到的全是利用"9·11"作噱头的广告。有不少像代尔公司一样的企业，是在真诚地传播爱国信念，因为他们长久以来便形成了以价值观为基础的企业文化，教导员工回报社会的重要。但是某些企业在这方面的确没有什么想法。

这些旗海飘扬的爱国广告玩弄着人们的感情，最后不禁让人们质疑这些企业广告的诚意。后来这股爱国广告风潮终于吹过去了，但这就是事件趋向型广告的问题，重点不是你是谁、你的企业做什么，而是你在特定状况下的反应，就像是膝腱反射一样。

依据当时世界上发生的事情来开展广告活动，只要内容符合你的企业文化就是行得通的。但是如果那些公司传播的信念并不是自己所信仰的，那么会很容易被识破的。那些企业的年报通常看起来就像包装精美的手册，上面列出了他们对慈善事业的捐赠以及他们被授予的称号。但是如果你去询问管理层或是首席执行官有关项目背后的战略，他们通常无法给你满意的答复，因为去做那些慈善事业并非是出于他们内心的真情。

有些企业领导人真的担负起了制造及销售产品的职责，但是有些人之所以承担这些责任，只是因为他们的企业顾问告诉他们非这样做不可。这或许听起来很有讽刺意味，但这就是如今企业的真实写照。代尔公司一直努力紧跟企业文化潮流，并且一直竭尽全力呼吁新型且多样化的市场。但是我们只做真实的自我，我们的品牌建立在以价值观为本的企业文化上，而且我们也希望与我们做生意的人都知道这一点。

每个优秀的企业都有一个负责任的领导者

曾经有一段时间，一谈到"责任"这个词很多人都会哈欠连天，因为在他们看来，负责任与超凡的魅力、前瞻性或是传奇性恰巧相反，但是现在有太多的领导人就是因为缺乏责任感而变成"一代传奇"。他们成了头版头条的新闻人物，却不是因为有什么值得赞颂的事情。

负责、透明与诚信是成功的必然要求，那些没有认清这一点的人就得承担后果。领导者必须加以引导，从鼓励员工们自愿参加到收容所分发食物的活动，到为贫困儿童捐款，甚至是帮助筹集善款来与疾病抗争。但是对社会的责任感必须出自内心的真实情感；如果他不是实行透明化领导的管理者，而只是为了树立一个品牌、一个形象或是装出做好事的样子的话，那就太做作、太不真诚了。

那些透明的领导者通常自然而然地会意识到，他们的公司对社区与员工存在着义务。这样的企业，像我们前面提到的天伯伦，就是以做事正确而闻名，同时这也自然而然地成为企业的传统，不需要迫使，不需要矫揉造作，也不必大费周折，因为这已经深深地融入了他们的企业文化中。

如果消费者对一个企业不太了解，他们有很多方法来搞明白，比如通过互联网或是传统的媒体，并且他们是不会迟疑的。现在的消费者早就希望他们购物的企业能够承担起社会责任，无论是人权问题、企业在环境保护中的角色还是产品的生产环境。有些州，甚至有些消费者会联合抵制那些用童工制作产品或是那些在发展中国家恶劣的工作环境下生产产品的企业。

许多首席执行官和管理者都觉得那些监督组织如鲠在喉一般，但是多数的监督组织只不过是希望企业在经营过程中涉及社会责任的时候能够透明一点儿。这可能包括实地参观、设备监控以及完全公开国际伙伴及员工团体。这就是所谓的透明化领导。企业为社会大众所着想的一切，最终都会有助于企业的赢利。

在保持空气及环境清洁、雇用少数民族和女工及遵守基本人权等方面，很多企业都只不过做到规定的最低标准。但是那些事情是法律规定的，是每一家企业应该履行的最基本职责，而不是一个企业拥有社会责任感的表现。负责任的企业会在核心价值观的基础上建立战略，他们从不违法或是行贿，直接从当地招工，直接把资金援助回馈给社区，鼓励多元化发展，主动地验明其产品和服务是否会对环境产生某些威胁。

我刚刚接任孩之宝公司总裁一职时，非常在意之前我听说的人权问题，因为孩之宝的制造工厂在中国。在中国，过去雇用童工都是很常见的。我希望我们的企业可以成为妥善处理人权问题的典范。因为中国的工厂分很多种，所以我们必须经常监督他们的运作来保证那里的工人都已经成年并且受到公平对待。

孩之宝一直都与 A 级工厂合作，A 级工厂很不错，他们在员工年龄的问题上紧守法规，而且环境整洁、管理得当，还有职工宿舍提供给员工（多为女性）居住。这些工厂还设有休闲娱乐设备，员工们除了春节要与家人们团聚以外，都生活在工厂里。在我出任孩之宝总裁之后的首次中国之行中，我参观了一个名为"曙光"的工厂，在里面我看见了成排的女工在制作可以活动的玩具，我询问带领我参观工厂的人，为何这些女工愿意为了那么微薄的薪水而拼命工作，他建议我从那些女工中找出一个来，通过翻译亲自问她，我真的问了，因为我想知道这些工人对这份工作的感觉与她们的生活方式。

我选中了一个工人，询问她为何为了在我看来这么微薄的薪水那么努力地工作，她说她喜欢在这个工厂里干活，也对公司提供的福利很满意。她说她把薪水都寄给家里人了，四五年以后，在她出生的小村庄里，她就可以有充裕的钱，家里就可以在村中做些小买卖。我们发现，由于孩之宝雇用了这些人以及与 A 级工厂合作，很多中国家庭得到了帮助。对于孩之宝而言，与 A 级工厂合作并且确保这些员工受到很好的待遇是很重要的。

任何为你工作、向你领薪水的人都是公司的一分子，即便是千里之外的签约雇员。你必须保证他们与公司其他部门的人员得到同等的待遇。

优秀的企业培养优秀的企业公民

在代尔公司，我们承诺在员工工作及生活的社区里做优秀的企业公民，我们这样做并不是为了作秀，而是因为这是我们的责任。而且我们瞄准特殊群体，从而使我们的努力产生最大化的效果。像其他企业一样，我们向有价值的、非营利的组织捐款，帮助孩童，改善教育。公司里专门有一个企业捐赠项目，专门资助慈善机构以帮助孩子们。我个人也赞助青少年糖尿病研究基金会，希望有朝一日能研发出青少年糖尿病的治疗方法。我们也和仁爱之家（Habitat for Humanity）合作，像其他企业一样，帮助穷困的工人拥有自己的居所，让这些家庭用自己的劳动和无息贷款来购买房屋，我们的员工则帮助这些新屋主与他们的孩子一起来盖房子。最后到底谁受益更多，很难说。这对我们而言是行得通的，但是对某些企业来说，对社会负责任也许完全不是那么一回事儿。

国际上对企业责任感的重视程度跟美国相比，只多不少。当涉及公民权利这个议题时，从整体而言，欧盟是激进的，而且欧盟执行委员会也与美国联手规划出改善世界各地区人权问题的方案。同时欧美企业界正努力拟定一套全球化的行为准则，以构建一套全球范围内都适用的行为准则来规范全球的企业领导者。一些国家，比如加拿大，已经向总部设在本国的公司颁布实行全球行为准则，来规范他们海外事业的经营方式。这是个很好的主意，因为全球行为准则可以对那些过度侵犯人权的国家进行贸易制裁，以此确立出所有领导者都可参考的界限。

如果一点法规都没有的话，在发展中国家盛行的贿赂、欺诈就会不断增加，而且那些恶劣的企业和缺乏职业道德的领导者会源源不断地从工人那里攫取利益，这种情况在欠发达国家中尤其严重。没有公德心的企业随意排放有毒废物，不加任何处理。为了追求更高的利益，他们不惜钻空子。过去我们曾经看到过这样的例子，许多不法经营的企业由于某些国家欠缺相关法律而免于受惩罚。法律法规执行起来往往很难，贯彻它们的成本也很高，但是这些法规本身却很有价值，而且它们的存在是为了树立最基本的行业准则，这样能使我们所有的人都负起责任来。

即使如此，有些企业还是只求做"够"就好，只雇用法律规定的女工及少数民族群体，只参与很少的慈善活动以蒙混过关。对此我只能说，透明化领导并不是照本宣科做做样子而已，向儿童慈善机构捐赠也不是为了让股东多给你打点分，制造以诚信为主题的广告活动更不是为了面子好看。成为一名透明的领导者要先从诚实对待自己开始。如果你自己根本不喜欢孩子或是那些惹人喜爱的动物，就不要向那些援助孩子或是动物的慈善机构捐款。如果你热爱艺术，那么就向艺术馆捐赠，或是赞助一个新出道艺术家的设计来帮助他发展自己的艺术事业。如果你喜爱交响乐，那么就赞助交响乐团。不要仅仅因为面子上好看而赞助那些你不喜欢的活动，那样做并不透明。如果你的商业策略并非是诚信地做正确的事情的话，再多的广告与慈善捐赠都无法让你的公司像一个有社会责任感的公司那样家喻户晓。

如果你是诚实而坦率的人，并且期望以正当的方式做生意的话，就必须依据自己的价值观拟订一个严谨的计划。如果你的手头还没有什么计划，那现在你就该独自好好想想了。当我们坐下来讨论代尔公司的社会责任问题时，整个计划的要点大致如下：

●对股东的承诺
○良好的公司治理
○自觉、严格地遵守公司法规
●对员工的承诺
○浓厚的价值观与文化契合感
○道德严谨的企业文化
○员工机会均等
○主动追求多元化发展

○支持因共同利益而结合在一起的一些员工

○提供培训、发展与指导机会

○安全计划

○行为准则/法规遵循热线

● **对社会的承诺**

○资助社会团体（优先考虑儿童及教育事业）

○展开员工志愿者活动

○提供联合募捐对等捐助

○保护环境

○对紧急情况的援助

• "9·11" 事件难民

• 亚利桑那森林大火灾民

○加入公共组织

• 大凤凰城经济委员会

• 大凤凰城商会

• 暴力预防研究所

● **对合作伙伴/卖主的承诺**

○多样化的供应商计划

○数据隐私保护

● **对顾客的承诺**

○生产安全、高质量的产品

○超越标准而不是仅仅达到标准

　　我相信我们列出的最后一条，道出了一切。超越，而不是仅仅达到规章法律的要求，这就是优秀企业公民的最佳写照。做一个回报社会的人而非单纯的受益者，把回馈社会的过程正式化，来对你的员工加以指导是很重要的。这表示必须时刻都做正确的事情，并且制定一套行动计划，对于社会和你服务的人尽职尽责。

从何入手?

如果你的企业单位、组织或者公司里还没有一套涉及社会责任的计划,那么就先从界定什么是社会责任与"做正确的事"对你的企业来说有何意义,以及你所在的团体与企业如何最有效地贯彻执行此计划开始着手。这可能包括内部的辩论或是通过电子邮件的方式向员工征询意见。

当你决定了要资助哪些对象或是员工到哪里去从事志愿活动时,就设置好界限,并且为补助设立明确的限制。举例来说,你绝不会赞助政治团体或是候选人,在一开始就要把这些话说清楚。如果情况允许的话,设立员工捐助委员会,决定资金应该捐给哪些单位,并由企业内部不同的部门来招募人员参与,而且首席执行官和高管人员都不能参加委员会,全权交给员工处理。

代尔公司并不是一家很大的企业,但是我们在生产部门及企业总部都设有委员会来分别指导本地的捐助决策,这就使得我们能够因此赞助更广泛的活动,比如赞助贫困青少年的夏令营、青少年糖尿病研究基金会、亚利桑那州儿童俱乐部、儿童博物馆、各城市帮扶弱势群体的活动以及无数的普及健康知识活动和教育活动。准许你的员工参与决定回馈社会的决策,将有助于提升企业在社会中的地位。

树立诚信

树立诚信的最佳方法就是建立优良的企业文化,而这必须从员工开始着手。好的领导者不用别人告诉就知道整个企业的主导是员工。他知道,不仅公司高层作出的重大决策很重要,日常的决策也很重要。是员工而不是过程在主导着企业,当你持着这样一种观点的时候,你便轻而易举地了解了培养员工诚信的重要性。如果员工很有诚信的话，他们就会知道整个过程中有什么瑕疵，并且愿意加以指正。但是如果员工道德素质低下而且企业活动过程中又有瑕疵的话，那么这些瑕疵就会持续存在直到企业垮台为止。安然公司就是一个很好的例子，企业中很多基本流程都是有瑕疵的，虽然危险已经显而易见但是很多人还是放任瑕疵继续存在。

强化企业组织中的诚信是一件很好的事情，但这却是一个长期的过程，不可能一蹴而就。很多企业愿意花费好几百万来做营销培训、计算机培训以及思维发散性训练（主要是为了做样子），但是分配给职业道德训练的资源却很少。诚信培训应被列为所有公司的首要任务，无论这些公司是公有的还是私有的，而且应该在每一位员工上班的第一天就开始普及推广，不应只是一年一度的培训而已，应该通过网络或是课堂教学的方式传达给每一位员工，而且必须是硬性规定。诚信不是随意的，而且对于员工的诚信教育应该持续不断地贯彻于他们的职业生涯之中。

企业想尽一切办法保护自己的品牌，但是他们有时却忘记了，塑造诚信的企业文化其实才是第一位的。品牌就是公众对一个企业的感觉和看法，是大家所看到的、所意识到的和最终所购买的东西。这也就是企业花费数百万以及许多知识资产来打造品牌、商标及服务的原因。

位于美国得克萨斯州索拉纳的赛博（Sabre）集团拥有一套独特的品牌管理程序，它对于员工可以做与不能做的事情有相当严格的规定，而且还在公司的内部网站详细地公布了员工手册，以供他们阅读。如果某个部门的员工想印发来对外宣传的话，企业会要求他们必须使用特定的字形，同时企业标识要用特别的颜色——红色，并且不能是任意的红色，只能用第485号红色来拼写企业的名称。任何想与赛博有业务往来的公司，要明白在品牌管理会议召开前赛博是不会与它们签署任何合约的，如有企业不赞同赛博对于品牌的要求，那么赛博是不会与它们谈生意的。由此可见，他们深知品牌保护的重要性。

建立联系

诚信必须由企业随时用行动加以落实。优秀的企业通过不断地与顾客及消费者的沟通来打造他们的品牌和声誉。也就是说，他们回应得很积极，因为这就是他们满足顾客需要的方式，而且这些企业同时也能轻易地发掘顾客们尚未被满足的要求。他们知道，只要能提供更便利、更好的服务，更合理的价格，或是让人身心都倍感愉悦的东西的话，就会增加公司的价值。当你调整企业，让企业的首要任务成为比竞争对手更快地预知并回应顾客的需要，提供更好的服务时，企业离成功就不远了。顾客会把你当成一家说到做到、信守诺言的企业。近几年来，我已经学会了倾听顾客及消费者的声音，我也见到过如果不这样做会产生的后果。

谈到关系管理，就表示事先已经有了某种关系，如果关系有问题或是有些不顺利（事实上往往一定会有）的话，因为关系已经存在，顾客就知道应该找谁投诉。当你能够有效地进行关系处理时，出事的时候顾客就不太会惊恐，因为他们知道你一定会回应并解决问题。洞察先机是关系管理中很重要的一部分，与其他能力相比，我更希望我的团队里有人拥有这样的能力。洞察先机往往能够使我们在顾客提出需求之前，就已经采取行动；我们需要倾听顾客的需求，并且规划满足他们期待的产品和服务，因为研发更好的产品或服务是仔细观察的结果。

在过去的20年里，通过我所服务过企业取得成功的实践，我注意到它们都有一个共同的特点：这些企业都能够洞察先机。那些成功的企业能够知道顾客需要什么，抢先提供出色的服务，这就是诚实地创建企业及品牌的重要部分。

第九章

透明化的价值

2008 年 8 月 25 日，当可克·罗勒（Kirk Roller）这位在存储网络主机总线适配器领域拥有世界领先技术的艾谬勒克斯公司（Emulex Corporation）的全球销售和营销业务执行副总裁走进他位于加利福尼亚的办公室时，就听到了极坏的消息。

他的秘书说："我们的股价刚从 113 美元跌到 43 美分。"

他回答道："哦，是吗？这是在开玩笑吧。"

秘书表情严肃地说："不，这是真的。"

几秒钟之后，纳斯达克交易所那边就打来了电话，罗勒这才意识到噩梦已经成为了现实。当天稍早些时候，网络上的一则虚假消息迅速在彭博通讯社（Bloomberg）、美国国家广播公司商业频道（CNBC）、道琼斯（Dow Jones）和哥伦比亚广播公司市场观察（CBS Market Watch）等各大主流媒体上散播。这则报道指出，艾谬勒克斯公司的首席执行官已经辞职，企业正在面临被证券交易委员会调查的困境。

艾谬勒克斯是一家经营得很成功的企业，在市场上颇具声誉，且与全球的著名企业都有业务往来。但是这则捏造的新闻却使得艾谬勒克斯公司的股价狂跌，整个企业因此陷入危机，市值几乎每分钟就缩水好几百万美元。

罗勒请纳斯达克交易所的有关官员先暂时停止股票交易。几小时之内，各大新闻媒体如潮水般拥挤在艾谬勒克斯公司的门前，罗勒与艾谬勒克斯公司的其他有关官员公开且诚实地回应了他们，因为他们觉得没有什么好隐瞒的。

罗勒在公开声明中指出："我们今天没发布任何新闻，有人利用艾谬勒克斯公司的名称及商标发布了一则仿冒的新闻消息。"

当艾谬勒克斯公司的股价暴跌的时候，证交会与联邦调查局纷纷致电并询问近期是否有不满离职的前雇员或想损害艾谬勒克斯公司利益的人，罗勒想不出谁会这么做，企业一向做事正确，又拥有深厚的企业文化。艾谬勒克斯公司的管理者随即发表了一则澄清全部事实的新闻，指出早些时候网络上流传的信息实属捏造，目前公司经营状况良好。

艾谬勒克斯公司的总裁兼首席执行官保罗·福利诺（Paul Folino）指出："那份伪造新闻中的负面报道从根本上就是错误的。"

当时艾谬勒克斯公司在业界已经有二十多年的历史了，是一家经营稳健、利润丰厚的企业。数小时之内，警方就发现散布虚假消息的疑犯在加州埃尔卡米诺学院的电脑上下单交易股票，然后又在拉斯维加斯的曼德勒海湾酒店进行了第二次交易。警方循迹追查到卢克索酒店的一个房间。最后，他们把目标锁定为一位年龄23岁、毕业于埃尔卡米诺学院、曾任职于互联网新闻（Internet News）的马克·雅可布（Mark Jakob）。雅可布在收取由此骗局而获得的24万美元时被捕，但是当时，虚假消息已经造成艾谬勒克斯公司25亿美元的损失。

每当罗勒回顾那些往事的时候，他都很庆幸自己用过去一贯透明的方法来处理谣言产生的压力。

"我太太和我原计划那天去度假的，而且已经预订好去米德湖。虽然这件事对于公司造成了破坏性的打击，但事情的发展都在我们的掌控之中，我不想因此毁了我们的行程，所以我们还是按原计划出发了。"

大多数人面对这样的危机时，肯定都会取消旅行的计划，尤其像罗勒这样身为公司高级管理者的人。但是罗勒深知，光呆坐在那里评估资产损失是毫无意义的，因为他们一直都与金融界公开地沟通，从不隐瞒什么，也从未受到过证交会的调查，做事从来都是正确的。他们努力建立起这家稳健的企业，他坚信即便经历了这次骗局，公司的股价也会反弹的。罗勒说的一点都没错，当天晚些时候艾谬勒克斯的股票恢复交易时，股价就大约回升至原来的水平，在这个例子中透明化显现出来的好处就是迅速地恢复。

透明化的价值

透明化领导可以应用于很多的商业情境中，但是当你、员工及企业都面临审查的危机时，透明化尤其重要。使你知道没什么好隐藏的，这就是透明化的价值所在。

这就是开放与诚信带来的自由，永远不用担心如果你上了头版头条会发生什么；也无需担心当企业像艾谬勒克斯那般突然遭遇虚假信息攻击时会产生什么结果。只要你做事透明，就不必担心遭到调查，因为事实就摆在那里，谁都可以看见。

在危机情况下，透明做事可以在很多方面帮你的忙。你的最初回应有多坦诚、回应的速度有多快非常重要。在日常运作中都难以做到透明化的企业，在遇到危机的时候如果难以隐瞒事实，日子就不好过了。如果你做事不透明的话，大家最终会知道的。

什么是常规的透明化？

透明化的真实性很难辨认。有些管理者深谙透明领导的概念，他们的企业也从中受益。这些领导者能够塑造深厚的企业文化，在员工的心里树立以道德与诚信经营的形象；他们生产、销售对消费者有益的产品，并且提高消费者的生活水平；与股东、分析师、员工以及社会大众进行坦诚的交流。

但是，有些企业仅仅是在目前这种商业诚信受到社会打击时才匆匆搭上透明化的花车，也或者仅仅是因为商业经营的时尚潮流。当你登上这辆花车的时候，一定要清楚它将驶向哪里，千万不要跟错潮流！

只有当企业目标与行动合为一体时，真正的透明化才会出现，但是这有时很难界定甚至很难观察。不过经过一段时间后，可以从大家对企业的评价中看出来。关于真正的透明化，我想在此提出两个常见的神话：

透明化神话一：信息传播所需要的只不过是透明化

有些企业领导者认为，透明化领导只不过就是尽可能频繁地把企业信息提供给公众。他们一有机会就大量地发布信息，即便这些信息是很复杂、毫不相干的或是很难理解的。有时候这些消息不同寻常地公开，围绕一些很有争议的话题或是企业受到的批评。但是，发布消息只是透明化领导的一小部分而已，如果你所做的仅仅是这些的话，那是远远不够的。

将这一理念发挥到极致的是布朗·威廉姆森（Brown & Williamson）公司，布朗·威廉姆森公司是一家烟草公司。烟草公司大多都会受到大众的指责，但是现在某些烟草企业已经决定开展有关吸烟及吸烟损害健康的宣传。这些态度在表面上是与企业的使命和目标背道而驰的。

举例来说，布朗·威廉姆森公司采取了一种与消费者期望完全相反的方式来回应公司的立场。当你登录布朗·威廉姆森公司的网站时，你会发现一个名为"企业责任"的板块，当你仔细阅读的时候，你一定会认为这些内容是为批评者而不是为顾客刊登的，例如，当你点击"企业责任"板块的时候，你会被立即引向另一个标题为"我们为什么不干脆停止制造香烟？"的板块，标题下的白纸黑字，大胆地表达出了公司在吸烟方面与选择自由权力的观点。他们并没有在网站上加以说明，但是他们对于吸烟危害健康的消息却是完全的坦诚（虽然大家都知道），而且，假如你继续点击的话，你还会发现一个专为孩子们准备的板块！当你进入网站"防止青少年吸烟"的板块时，他们写有"我们不希望孩子们抽烟，因为吸烟对于健康有重大的危害"。虽然这与企业的商业使命正好相反，但是他们还是透明地说了出来。

在消费者对企业使命一清二楚的今天，这样的市场定位有相当高的风险，但是烟草公司一定觉得这样的方式能够奏效。他们除了透明地讲出这些信息外，别无选择。因为一项又一项的研究证明，吸烟会引起致命性的疾病并且会上瘾。但是烟草公司认为，刊登这些妇孺皆知的知识是在以某种方式树立企业社会责任感的形象。否则，这些被指控为害人的企业还能怎么办呢？

如果你接着浏览这个网站，会发现有个名为"最高机密"的板块，里面讽刺地写着："吸烟有害健康，就这么简单，这就是最高机密。"

布朗·威廉姆森公司的网站更像是对那些恶意批评者的嘲讽，他们之所以采取这种姿态，可能是因为他们觉得别无其他选择。几乎所有的人都相信烟草有害于健康，消费者监督组织、肺病患者及患者家属纷纷站出来大声疾呼。所以布朗·威廉姆森公司决定公开回应，但是这种公开与真正意义上的透明化并不能画上等号。

真正的透明化，远远高于也超过单单公布信息或是向消费者装出一副优秀企业的样子。真正的透明化是非常深入地迫使整个行业检视自己的商业惯例。这样可以使医药界打击假药或是有损消费者健康的药物，促成儿童安全产品的立法，防止消费者购买到掺杂石棉的商品，贯彻财报立法，保障消费者权益立法，等等。当透明化成为常规而不仅仅是随情况而变的时候，各行各业也会因此产生巨变。

当领导或是企业公开揭露的信息与企业价值观不符时，那就只是暂时情景型的透明化。暂时情景型的透明化不是真诚的，而是对特定情况或者批评的一个勉强回应，这样是没有持久力的，因为那个回应并不是从核心价值观出发的。也就是说，如果企业员工不能了解掺假、产品质量差或是事不关己高高挂起的态度会对企业产生什么后果的话，这样的企业文化就不够透明。这些企业或许能够透明一时，或是在某些情况下公开、诚实地回应，但是真正的透明化却与此大相径庭。真正的透明化是持久的，而且深深地植入员工心中，影响着他们的行为方式、思考方式与日常生活。只有这种透明化才拥有充足且持续的影响力来挽救那些溃败的企业。

透明化神话二：企业有一套特别的标准，其余的事情却有另外一套

作家约翰·马克斯韦尔（John Maxwell）在他的《没有所谓的企业伦理》（*There's No Such Thing as Business Ethics*）一书中，记叙了某次与美国在线时代华纳的董事长兼首席执行官共进晚餐时的谈话。谈笑间，总裁把目光转向马克斯韦尔，建议他写一本有关企业职业道德规范的书。

马克斯韦尔回答说："根本没有这么一种东西。"接着就开始解释前面本章提到的观点：道德规范只是道德规范，你要么有，要么没有。

马克斯韦尔说："其实根本没有所谓的企业道德规范，只有道德规范。如果大家在工作的时候采用一套道德规范，在心里又采用另外一套，还有一套在家与家人共处的时候使用的话，就会给自己制造麻烦。道德规范就是道德规范，如果你想要做到合乎道德规范，那就只能在所有方面只以一种标准作为准绳。"

我同意马克斯韦尔的说法。我希望每一个和我共事已久的人都知道，我做事很有职业道德，而我太太可以告诉你们那些你们不知道的事情。她会告诉大家，我在家里也是同一个样子。我不知道那些道德高尚的人格特质根植于哪里，有人说是来自于父母，对每个

人来说可能因人而异。但是在我的成长过程中，我的确常常被称作"道学先生"，因为我无法容忍规矩被打破。我向来喜欢以正确的方式、毫无隐瞒且诚实地做事。我觉得涉及道德和透明化的时候，工作与私人生活是很难分开的，因为你无法伪造那些特质，它们是你作为一个人的那么真实的组成部分。

你有透明的商业策略吗

如果你身处领导位置，必须确定员工都了解你的商业策略，如果你的策略不够清晰，大家就会各干各的，向着不同的方向努力，这样的话，企业文化就会变得混乱且毫无生气。

当我们为代尔公司拟订改革计划时，我们把需要做的事情全部列出，然后一件一件地全部执行。我们先是减少负债从而达到财政目标，然后我们又增加市场份额，最后还超过了分析师的预期。2001 年，我们三度调高财政预测，不必退回去为业绩不佳而找借口，而且我们在金融界的信誉也逐渐地回来了。我们的目标很简单：就像我们先前说的，我们要成为一家公认的、由高可信度人才经营的高可信度的企业。为此，我们不断对外发布一致性的信息，保持动力前进，最终我们在财报透明化上的努力有了成效，在客户服务方面特别的努力也同样有了成效。2000 年和 2001 年，代尔公司连续数个季度被评为"沃尔玛当季最佳供货商"，在沃尔玛称霸的零售业里，能有此殊荣相当难能可贵。

信赖的重要性

最有效的组织是建立在共同的道德规范上的，而且只有在互相忠诚、诚实、信任的前提下，才有可能实现。这就是为何建立信任感是维持组织内透明化的关键性组成。

过去我曾经以"信任、诚信、正确做事"为题为一群商学院的学生演讲。在演讲中，我谈到了为何如今就个人、公民、管理者而言，我们的行为似乎没什么规范可言；我说"做对的事"已经不像过去那么容易了，主要原因是如今大家对是非观念已经缺乏明确的共识了。

对某些人而言，尤其是对那些在商界还没遇到任何良师益友的大学毕业生来说，所谓"正确的事情"很难定义。对我来说，所谓"正确的事情"就是任何能够有助于建立信任、提高我们社会的诚信与道德总程度的行动或行为模式。

政治学者弗朗西斯·福山（Francis Fukuyama）在其著作《信任》（*Trust*）中谈到了社会资本对人类发展的重要性，书中写道："社会资本对于社会赖以建立的产业经济本质有很大影响。在同一家企业工作的人，如果他们依据相同的道德规范共事且彼此信任的话，企业运营所需成本就会大大降低。在这样的社会里，更适合企业组织化创新，因为彼此的高度信任就允许更广泛的社会关系产生。"

弗朗西斯·福山认为，社会资本的欠缺会对组织产生破坏性的结果，他说："当人们不能相互信赖的时候，最后只能在正式的法律法规体系下合作，而这样的体系需要经过多方的协商、同意、提出诉讼及执行，有时甚至需要强制执行才行。"

普遍性的不信任使各种经济活动因此多了一种负担，但是在高度信用的组织及社会中，这种负担是没有的。在过去大约四十年里，我们似乎变成了一个互相猜疑、好争论、只在意短期利益的社会。人格品质与短期效益相比，企业界甚至更加看重短期效益，而社会却并没有因为这些效益而变得更好。现在一切都以获利为优先考虑，不管法律上会有什么后果。虽然前人也会欺诈或缺乏诚信，但是我们现在所碰到的情况要比过去严重得多。

最近几年，我们发现急功近利的心态正在腐蚀着企业的声誉、信誉及整个社会。有些证券分析师一方面极力吹捧一些网络公司，一方面向无知的大众推销这些网络公司的股票，他们肯定知道，从长期来说，这对客户及他们自身的声誉都是不利的，但他们从来都不考虑诚信的重要性。伟大的"贪婪"之神扭曲了他们的思想及行为，使得无数的投资人因科技股崩盘而造成财富流失。

透明领导者应该真诚

这种信赖的因素还延伸至你的私人生活当中，正如马克斯韦尔所说："你应该始终如一。"我所认识的透明领导者中，许多人不仅在商业活动中非常重视自己的职业道德及诚信，而且是非常诚恳的人，他们很在意为他人做正确的事。你会相信他们，因为他们不是坐在一边以抓到员工犯错为乐趣的自大的独裁者。他们不是过度情绪化的领导者，一出事就给员工发送言辞恶毒的邮件。他们很真诚，如果你仔细观察他们的个人生活，你可能会发现他们为他人做了很多好事。

透明领导者与邪恶作斗争

这个题目听起来也许有些夸张，但这的确是真的。要成为一位我们刚刚所说的强有力的领导者，必须主动强化企业文化，要消除任何可能威胁它的东西。而这些只能从上面做起，因为如果连你都对那些会影响员工、股东以及企业的坏事不关心的话，那就更别奢求其他人关心了。

很多负面因素会破坏你引领企业文化发展的一切努力，阴谋和谣言可能在短短的一天内就对企业及股价造成损害；一不小心，捏造的指控、诉讼以及其他意外会不经意地找上你和你的公司。企业及其首席执行官是虚假指控的首要目标，几乎每个美国企业（或其管理者）都面临过一次或者更多次的虚假指控。

这种事情在我的职业生涯中已经多次发生。我知道，即便你透明地经营企业，一些专门从事企业敲诈的人还是会虎视眈眈地待在一旁，伺机让你的企业赔上大笔的钱和士气。

美国商会资助曼哈顿学院一项有关法律诉讼及其对企业影响的研究。这些研究发现，仅2002年的一年中，诉讼律师就因对企业提起诉讼而赚取了 400 亿美元。这其中当然有理应胜诉的案件，而且这是消费者保障自我权利所应该做的，但是绝对有那种道德沦丧的律师，把企业和其管理者看成一块肥肉，终其职业生涯寻找机会向他们大敲一笔。

　　一般来说，代表原告的辩护律师可以分到协议款的 19%，有些律师因而刻意针对一些财力雄厚的企业及个人牟取暴利。近年来，食品行业成为大家关注的焦点，它已经成为律师起诉导致肥胖诉讼的目标。10 年以前，很难相信你因为在过去的 10 年间每周都去最喜爱的餐馆吃汉堡，现在变胖了，就要状告这家餐馆。企业为了对付这些鸡毛蒜皮的诉讼在律师费、保险费及修改营销和行政政策上花费了好几百万美元，而这也让像你我这样的纳税人深受其害。企业领导者必须作出自我透明化领导的承诺，对付那些虚假指控、腐败与欺诈。用让步的方式避免更多的支出是很诱人的，但是那样的话会使麻烦波及到合法的要求。他们是如今企业圈内看不见的恶棍，最后还是要我们这些作为消费者和纳税人的来埋单。

第十章

通往透明道路上的陷阱

2000 年，普利司通/凡士通北美轮胎公司（Bridgestone/Firestone North America Tire Company）被迫大举召回轮胎，在业内引起很大震动。他们总计召回了 1440 万个轮胎，因为大量的报道指出，他们的轮胎有安全隐患，许多车祸事故都与有缺陷的轮胎有关。根据报道，在某些特定的条件下，凡士通轮胎胎面会脱落，这导致了许多人死亡、数百人受伤以及数百万美元的损失，公司同时还遭到一系列的共同起诉。随后，轮胎安全问题促使美国国家公路交通安全管理局全面调查，最后凡士通同意和解，以避免冗长的诉讼。

按照和解协议，凡士通必须支付大约 7000 万美元以更换那些已经装在汽车上的轮胎，另外还必须支付 4100 万美元来研发、生产新的轮胎材料以符合新的安全标准。和解协议中还包括：必须为消费者教育及宣传活动投入 1550 万美元，另外还必须支付 1900 万美元的律师费。整个召回活动的结果比他们原先预估的成本多出许多。他们最初制造轮胎时，并没想到会发生这样的问题，随后的争议也是始料未及的。在这件事之前，凡士通轮胎一直以优良的品质著称；但是此后，消费者开始质疑这个品牌的轮胎是否安全，毕竟这个行业的产品要求就是保护人的安全。在此事件之中，凡士通所面临的麻烦在于他们做事并不透明。根据报道，凡士通早在 1999 年，于沙特阿拉伯首次召回轮胎时就已经知道问题所在，随后又在委内瑞拉及其他国家召回轮胎，但是为了避免召回行动在美国交通部备案，他们从未发布过正式通告。他们不仅做事不够透明，而且还刻意规避美国境内的召回行动。结果呢？造成了许多不必要的伤亡以及消费者的联合抵制，而原本以凡士通为主要轮胎供应商的福特汽车不得不终止与凡士通的业务往来。

从凡士通的教训中，我们学到，如果做事不够透明的话，诸如产品召回等事件便足以毁灭一个品牌。意想不到的事件很可能会成为迈向成功的障碍，而且对品牌所带来的威胁和影响可能极具杀伤力，以致有些企业甚至依赖于品牌保险这种方式来渡过难关。

总部位于伦敦的再保险公司劳埃德（Lloyd's）北美分部执行主任朱利安·詹姆斯（Julian James）说："品牌损失是 21 世纪的主要商业风险之一。像召回、联合抵制、恶意诽谤等产品事故，可以使企业损失惨重、影响股价，甚至破产。"

但是，如果企业运营稳健、行事透明的话，遇到产品召回或是污染等突发事件时，并不会因此就终结企业的生命，虽然这可能需要时间恢复正常，但是不会耗尽你的资金和你在消费者心中的名声，尤其是当你的名声是建立在信任的基础上的时候。

声名狼藉的泰诺（Tylenol）恐慌案东窗事发时，我正在金宝汤任职，这里也面临着同样的危机，只是幸好发现得早并及时地进行了处理。（模仿性犯罪在美国企业中相当普遍，虽然消费者并不见得知道。）我们收到了一个邮寄包裹，里面有一罐我们公司生产的著名的金宝汤和一张便条，上面说这罐汤已经从接缝处用针头注射了有毒物质。我们立即把这罐汤送到实验室化验，从外表来看，这罐汤并没有被做手脚，标签也贴得好好的，状态很好。你根本看不出它被做过手脚，看起来就像杂货店里货架上摆着的普通罐头一样。当这罐汤又回到我们手中的时候，我们被告知罐内物质的氰化物检验呈阳性。问题变得相当棘手，因为有人已经撕掉标签，想办法利用针头下毒后再重新贴上标签。

　　这个威胁把大家吓坏了。我们找来危机管理组织来指导大家如何应对媒体和大众。我们认为这可能是往返于各州的卡车司机所为（因为在那张信笺中写道，污染的产品还会在其他几个州出现），但是我们并不确定。迫不得已，许多州的金宝汤都作了下架处理，这是正确的决定。后来，在加拿大也出现了这样的问题，我们再次收到罪犯的恐吓信，信上说在加拿大的货架上也有下毒的金宝汤了，所以我们不得不每天派人到商店里检查产品。我们知道他可能会这样做，所以非常重视这件事。在加拿大，我们接到一封勒索信，信中说只要我们肯付钱给他，他就不再做这样的事情，信尾还有"蒂奇船长"的签名，指的就是以其黑胡子出名的蒂奇·爱德华，一个四处攻击船只、烧杀抢掠、无恶不作的加勒比海盗。"蒂奇船长"指示我们到加拿大的某荒野处交付勒索金，我们指派当时加拿大分公司的西欧总裁戴夫·克拉克（Dave Clark）和加拿大皇家骑警队到山间的小屋接洽。戴夫和警官在小屋里待了好几天，紧张地等待"蒂奇船长"的指示。

　　交易将在一个提前预订好的时间于一艘独木舟上进行，但是过了交易的时间还没有人出现。更让大家相当困惑的是，之后就再也没有发生过任何的产品下毒事件。最终，我们又回到正常的工作当中，没有听说任何关于这方面的事情了。直到几个月后，加拿大分公司又收到一封信，罪犯在信中说道："'蒂奇船长'已死。"或许他熟悉真正的蒂奇船长是怎样走向穷途末路的——上了他的船员设置的圈套被引诱上船，最后被捕获并被斩首，从而临阵退缩了，抑或是他正好决定改过自新。无论真相是什么，那是我们最后一次听说现代海盗。

　　这里有一个有关透明化的问题。在消费品行业里，你很可能遇到下毒事件，有些时候你还得在意模仿性罪犯，他们从报纸上读到些什么东西然后就去实践。食品投毒事件的确是一个烫手的山芋，因为毫无疑问你必须将所有产品作下架处理，以确保消费者的安全，

The Transparent Leader

这是首要任务，但是你同时也必须依靠一些心理学顾问及其他专业人士告诉你有关模仿犯罪的相关模仿犯罪手法。透明做事永远是最佳选择，但是在特定的条件下你必须特别注重沟通的方式和内容。

金宝汤数年来一直没有停止努力打造使消费者信赖的声望，所以金宝汤至今仍是一个家喻户晓的品牌。消费者知道他们每次购买金宝汤时，买到的都是高品质的商品。消费者对这个品牌的忠诚是无法抵抗的，有些从小吃着某种特别口味的金宝汤长大的成人从来不会考虑尝试另一种品牌的同类型产品。这样的品牌忠诚度是我们日积月累打造出来的，消费者有如此深厚的忠诚度，是因为我们的产品品质始终如一地符合消费者的期望。金宝汤因为坦诚所以获得了消费者的信赖，当遇到产品投毒事件时，我们绝不会让"蒂奇船长"得逞。当你进入消费性产品行业时，你就有义务为消费者制造最好的产品并持续提供满足消费者期望的品质。

我们已经谈论过透明化价值为何这么重要，以及如何雇用关心他人、关心服务、重视诚信的员工。当企业运营遇到障碍时，这些都能帮你渡过难关。但是要把事情由负面转为正面需要付出很大的努力，而且必须从企业文化着手，而塑造正面的、以价值观为本的企业文化却不是一蹴而就的。

塑造开放的企业文化必须从日常的小事及员工间的互动开始，以企业所设定的使命及发展方向为基础，将使命赋予员工，并引导那些偏离正轨的员工重新回到正轨。有时这意味着需要作出困难的抉择，例如解雇那些屡教不改的员工，但是你不能开除每一个人，你必须尽力帮助员工发挥他们的潜能。

下面要讲的这个故事其实我并不喜欢，我瞻前顾后地思考了很久是否要把这个故事放在本书的结尾供大家阅读，但是后来我觉得，如果我把它忽略的话，就表示我做事不够透明。这个故事与我的经历有关，我曾经遇到一个很好的员工，但是非常不幸，他有个很不好的癖好。这个问题因为互联网所带来的自由而加剧了，而这种情况现在已经普遍地存在于每家企业里，在美国随处可见。互联网可能对企业文化造成很大的破坏，你必须密切地关注这件事。

　　一天早晨，我刚到公司就发现一位人力资源主管闷闷不乐地站在我的办公室门外，原因是他很清楚地知道了一位相当资深的员工通过公司的电脑连接到色情网站，并且还用电脑连接过一些提供外地出差陪护服务的网站。我有责任与这位员工面对面地谈谈这件事，所以我请他到我的办公室来。他一定觉得非常不舒服，但是他坦承他的确有些问题，个人生活一塌糊涂。在考虑了解决方法并与人事部门讨论后，我们决定他可以继续留在公司任职，因为他是公司相当资深的员工，很快就会领到一大笔红利奖金，但是我会扣除5万美元以上的奖金来作为对他这种行为的惩罚。我们打到他的痛处，是想让他记得这个教训。我们为何不解雇他呢？原因是他浏览的网站中没有涉及未成年人或是其他违法行为，只不过是因为他的判断能力太差了。而且他占用的是下班时间，或者有时在家中浏览。另外，他对自己的行为真的很懊悔，诚心悔改，并且在工作上对公司也有很大的贡献。

　　性问题、酗酒或是其他错误行为，都很难加以斥责。你不想让这些问题继续下去，但是更想予以改正。如果一个员工在公司宴会上喝得酩酊大醉，你绝对不会就此开除他，而是首先为他寻求救助来改善他的行为。我们对这位浏览色情网站的员工也采取了同样的方式，而且我很明白地告诉他，如果他再犯同样的错误，就得另谋他就了。错误的行为必须校正，不然就与我们的企业文化相左，这些他必须知道。作绩效评价的时候，我要求他减少出差的次数，因为从他的情况来看，很明显，在他出差的时候手头有太多的自由时间。几个月后，在一次公司的活动中，我坐下来与他太太交谈，心中猜想，她先生看到我们交谈时会作何感想。我从没有向他太太提起过这件事，这件事后来也就被淡忘了，而这名员工继续为公司作出了很大的贡献。

　　这件事可以用很多不同的方法处理，我们可以因为员工是企业重要的资产而忽略那个问题，或是干脆解雇他。我觉得我们正面处理这个问题是正确的。

这一点儿都不好玩，但是我选择直接与这名员工提及他的问题，与他讨论，让他知道他会因此受到惩罚，不论他是否认同惩罚的公平性，这些都是在问题恶化之前必须做的。这样的行为与我们努力塑造的企业文化格格不入，而且不能被忽略。每天与员工的互动以及你的处理方式决定了你做事的成效。

这就是透明的领导方式与有选择性的领导方式之间的差异。做事透明，你就无法避免不愉快的事情，因为你已经承诺要维持诚信及开放的企业文化，发誓即便是公司里发生的坏事也一样公开谈论，就像谈论好事那样。

前方危险：注意陷阱

我向来都是实话实说的人，所以正面处理问题对我来说并不困难，但有些人很怕正面处理问题，宁可忽略，也不愿面对。这倒是可以理解的，但是却只能起反作用。像鸵鸟一样把头扎进土里对你没有任何帮助，只能让你在最后必须面对现实时更加痛苦而已。

快速解决问题是阻止谣言继续流传的捷径，但是，每当一件事情刚控制住时，半路又会杀出个程咬金，这要如何应对呢？这并没有简单的答案，因为这样的挑战会是持续不断的，你越不希望它们出现，它们越会找上门来。有时候腐蚀你企业文化的事情并不一定是永久性的问题，只是一些亟须被更正的员工的行为而已。

作为一个领导者，你应该明白，并不是所有的员工都跟你用同样的方式做事，你必须尊重这一点，除非你是国家的独裁者，不然你就必须与各种行为举止、各种个性的人相处。

陷阱一：敷衍

我任职于金宝汤公司时，有一位雇员在我手下做总经理（后来他当上了某家公司的首席执行官，不过这家公司在他的带领下破产了）。他曾经早晨 5 点钟打电话给我，讨论业务问题。当他给我干活的时候，他好像起的跟公鸡一样早，很早就到办公室了。许多年以后他才坦承，因为他知道我是个早起的人，所以他才会早晨 5 点钟给我打电话，假装已经到办公室，向我做完报告后，再回去睡回笼觉。我从未问过他是否在办公室，我一直以为他在，甚至还很钦佩他每天这么早就开始工作。

他是一位优秀的雇员，但是却喜欢走捷径。他找到一种方法，利用我对那些每天都起得很早的人的敬佩之情。这也是他为了应付不愿做的事所想出的方法。可爱的把戏，但没有用，他不是我所欣赏的类型，更不是我需要的员工。这样的做法长期而言是有害的，看看周围那些经常失败、无法实现他们的诺言的人们，你可能会发现他们都有庸俗的习惯及标准。

敷衍会损害一个企业，这意味着安于现状、不求上进。当我看见一个很有天赋的人动作缓慢、磨洋工却还向我领薪水的时候，我真想拿点什么东西砸他。透明的领导者会设定高水平的自我标准，同时期待别人也能做到。许多原本很优秀的企业就是因为敷衍的风气不断在企业内部扩散以及缺乏热情而逐渐衰落下去。

我并不是要你成为下一位《财富》或是《商业周刊》封面上大名鼎鼎的首席执行官，我只是建议你行动起来，培养靠诚信做生意的习惯，以实现你更高的期许，也就是说，不要再容忍敷衍的存在。

敷衍是一股很强的力量，当你发现它时，它已经挥之不去了。另一个我记忆中与敷衍有关的例子，是在我任职于尼达姆·哈珀·斯迪而斯（Needham Harper and Steers）广告公司时发生的。当时有一位员工上班经常迟到，他不是偶尔迟到，他是迟到大王。他不断地找借口为自己开脱，做事情偷工减料。但是因为他很有潜力，而且表现优异，所以他优秀的品质有时就弥补了他经常迟到的缺点，但是，这种得过且过的态度最终还是让他尝到了苦果。一次我们与客户有一个很重要的会议及产品展示，这个客户正是位于新泽西卡姆登的金宝汤，他是做产品展示的主角，但是却打电话来说他在开往机场的途中车胎漏气了（其实又迟到了），因而错过了航班。他没赶上航班，也失去了工作。或许他的车子真的爆胎了，但是那时的情形就像大喊"狼来了"的那个小孩一样，没有人相信他。长期以来，他都是以敷衍的态度工作，因为他总是迟到，而且对工作缺乏热情，只是做做样子敷衍一下。这不是他第一次找借口为自己没有完成应该完成的工作开脱，而且根据常识，当你出席重要的会议时，应该给自己多预留出时间，并且我也告诉过他。他之所以被炒鱿鱼是因为他没有守时观念，与他不断地迟到并没有多大关系。但是这给我一种暗示，这样的人在职业生涯中会缺乏奉献精神。

克服敷衍、得过且过的态度跟其他事情一样重要。某一期《财富》杂志的封面故事报道了在 2001 年有超过 257 家的企业宣告破产，这些企业的总资产高达 250 亿美元，其企业领导者在他们的职业生涯中都曾在企业界取得过不同程度的辉煌。这个破产数字比前一年增长了 46%，而且报道指出，这些企业的破产，有将近一半左右是因为高层管理者的错误所造成的。敷衍的态度在某些时候也许能让你获得成功，但是却不会把你引向持续不断的成功，反而会害了你的企业。

优秀的管理者会留意失败的前兆，因为失败通常不会毫无预警的发生，常常是预兆就在那里，但是大家却因为不愿面对现实而忽视它们。有的管理者则是忙着处理自己的事，对预兆不闻不问，不愿意在一切变得太迟之前亲自动手审视情况、以便作出必要的改变。这样就是敷衍的态度——自己正在慢慢滑向安于现状的陷阱而自己却不知道。

陷阱二：安逸自在的区域

过于安逸是典型的商业过失。但是多数人并不是突然就掉入了安逸中，而是在长期的成功后慢慢滑向安逸的。许多失败的企业过去都曾登上过成功的山巅，但是在路上的某个地方就开始蹒跚踉跄了。他们的领导者陷入安逸享乐的心态，不再考虑透明沟通的重要性，开始相信因为他们在市场中很强势、所处的位置也很好，所以就开始不按常理出牌。安逸享乐就像敷衍塞责一样，因为敷衍塞责是从安逸享乐中滋生出来的，或者简单地说就是懒惰。当你陷入安逸享乐的心态时，会对自己取得的成就过度满意、对自己所处的地位过度自信，容易忽略透明化的重要性。

其中的一些公司是由那些让安逸冲昏头脑、相信安逸永远会在这里的人领导。我们之前提到过的迪克·格拉索，经过三十载的奋斗才进入纽约交易所的排行榜，所以他一定很舒适，对他以及许多同事而言，他们很难想象有一天格拉索竟然会离开纽交所。安逸感会让你忘了你必须永远做正确的事，以确保你目前拥有的一切。

陷阱三：人云亦云

从众心理是另一项妨碍透明的企业文化发挥作用的障碍。有些员工太依赖他人，团队观念过了头，这导致他们失去展现独立个性的机会，也因此失去自我推销的机会。我把这种情况称为"魅力手镯效应"：某个人走到哪里，其他人就走到哪里，即使将坠入悬崖。

我常在危机之际发掘某些人的领导能力，当出现紧急情况时，你会很意外地发现有人站出来带头管事。但是反之亦然，你也会发现一些人从来不会站出来，因为他们不愿冒险脱离群体，从众心理让员工们保持缄默，即便当他们应该说出他们的意见或是出谋划策来使整个组织受益时。这些人云亦云的人只能算是追随者，不是领导者，当他们成为整个群体的一部分的时候，他们变得既听话又害羞，导致了效率低下。

团队精神固然重要，但是人云亦云的心态却是有害的，不仅会抑制创造力和阻碍透明化，还会阻止大家在怀疑有什么事情做错时说出来。人云亦云的心态是非常危险的。

陷阱四：贪婪

贪婪可以表现为多种不同的形式，但是最终可以定义为面对个人好处时对正直、诚信与透明的妥协。贪婪使人犯法、掩饰账面错误、对顾客索取高价，让企业领导捏造数字、虚报赢利估计以及签署不属实的销售数字（为了使它看起来好像达到了销售目标）；它使主管们撒谎、欺骗来避免讲述他们表现不佳的经营业绩。贪婪会毁掉你的事业，但是更重要的是，它会毁掉你的企业。在一个透明的企业文化里，贪婪是没有一席之地的。我个人认为，把令人不快的问题拿到表面上来并正面地进行沟通和讨论效果是最好的。

当你在不小心的情况下，可能跌落错误的陷阱，例如没有塑造透明的企业文化或是过于关注自己的个人工作而忽略对企业作出贡献或是其他诸如此类的错误。当你的企业及其所在的市场环境不得不改变时，就会产生新的挑战，诚信经营才是取胜的关键，如果你有一套规则可循，就比较容易衡量成功与否。

贪婪、随波逐流、敷衍塞责只是部分可能让人失足的陷阱。你必须特别注意这些陷阱，努力从企业文化中消除这些陷阱。

培养人才

在陷阱间游走自如以及建立深厚的企业文化中，很重要的一部分就是培养可以发现问题、知道如何处理问题的人才。优秀的领导者并不是与生俱来的，而是要经过多年的培养，这就是我为何认为找到或是自己成为一个导师十分重要的原因，你必须挖掘他人的潜能并且好好培养。

在我那年轻又敏感的年纪，我永远无法忘记职业生涯中的第一份工作，是在安然库斯曼联合公司的公共关系部工作。有一次，我负责在企业的客户会议之后召开新闻发布会，虽然那位首席执行官管理的公司的名字我已经记不得了，但是我记得那时我只是一位想在商界崭露头角的毛头小子。在那位首席执行官做完展示后，我走上前告诉他我觉得他的演讲很好，很能鼓舞人心。那位首席执行官只是瞥了我一眼，说道："你懂什么？"我当时既青涩又没有经验，他直截了当地泼了我冷水。

我当时真想挖个地洞钻进去。没错，当时我只是个菜鸟，但是现在回想起来，我可以猜出他对待手下员工的态度会有多恶劣。那一刻我永远都不会忘记，它随时提醒我哪些事情不能做。如今如果我有机会去指导谁，无论他是谁、他有什么头衔，我都会接受。

如果你能从他人身上学习，你就会拥有回避严重错误的优势，仅仅通过观察他人你就能成为一个更完美的领导者，但有时你也可以从自己的错误中学习。还记得刚进职场时，我曾任职于恒美广告公司（Doyle Dane Bernbach，一家大型的广告公司）。有一次，我必须在挤满观众的会场中做报告，在场的听众中包括客户克拉克尔杰克公司（Cracker Jack Company）的总裁以及两位广告公司的创始者比尔·伯恩巴克（Bill Bernbach）和内德·道伊尔（Ned Doyle）。我记得当时我站在会场的前面，讲得磕磕巴巴，一点儿也不流畅，我真的很怀疑当时是否有人会想到我日后竟然能够成为资产高达数十亿美元公司的首席执行官。我当时表现得奇差，但事实上，很少人生来就是演说家，刚开始的时候总是缺乏磨炼，而且展现你的光泽也需要一点时间。但是那天做报告的经历给了我一个教训，我不希望以后再有那样的感觉，所以我报名参加戴尔·卡耐基的演讲训练课程，并且最后还在课堂上获得了两个奖项。那次糟糕的商业演讲促使我完善自己，而且在某种意义上，我也在扮演着掌握自己命运和能力的领导角色。现在的我可以从容地面对大家演讲，而且是一位首席执行官，但我并不是天生如此。透明化就像是学习语言、读懂财务报表或是任何你想达到的目标一样，不经过一番努力与付出是达不到的。

克服困难：一切从简

当我初到代尔公司任职时，我询问产品研发处主管现在手上有多少项目正在进行，当他回答我有 158 个时，我吓坏了。谁能一次专注于那么多的项目呢？我告诉他，一次只做三个就够了，这样他也可以在他有兴趣的领域多花些时间，也比较好管理，而且那么多的项目同时进行也不太合理。因为要引进那么多的项目，我们必须有相应数量的资金来实现它们。我们并没有那么多的资源，而且当时代尔公司需要的是在运营上将力量用于一处，而不是像用霰弹枪打鸟一样。

1993 年，我出任快克速达公司的首席执行官时，当时企业的旗下也有很多业务，从汽车润滑油到保险，从石油勘探生产到卡车制造以及安全照明等，不一而足，只要你能叫出名字的他们都做了！但是总营业额却只有 6 亿美元。每项买卖都是一团糟，而且相当复杂。不过还好，几年内我们就把问题解决了。

我听说安然公司的资产负债表表外项目复杂到连首席执行官肯·雷（Ken Lay）和董事会都无法全面了解。如果你对某些事情不理解的话，就无法解释、证明它们或是了解其对企业的影响如何。首席执行官或首席财务官不能是唯一了解企业业务或者企业驱动力的人。在代尔公司，我希望不仅是我一个人了解公司的运营状况，而且我们的董事会也了解，如果股东们与员工们也了解就更好了，这是因为我们实行透明化领导。我们让企业回归本位，目前我们只有四项核心项目以及一些新产品准备上市。

你的标准够高吗？跨越障碍意味着你需要持续地进行自我评价，并为未来设立更高的目标，但就目前而言，一切从简。

第四篇

誓言透明化

在这本书的第一篇中，我们讨论了透明化的力量、如何建立一家透明的企业、成为透明的领导者以及雇用透明的员工。我们提及透明化在当今商界中的重要性，以及每一个透明企业所需的三块基石：

- 说出全部的事实。
- 建立以价值观为基础的企业文化。
- 雇用优秀人才为员工。

当这三条成为一个企业及其领导活动的核心时，就意味着透明化原则开始在运作了。但是领导者必须作出持续地实行透明化领导的承诺，以取得公司其他人的信任。

在第二篇中，我们谈到了透明化领导的支柱，例如企业治理、价值观、交流沟通以及如何塑造诚信的企业文化。第三篇讨论了透明化会给组织带来的价值。在第四篇中，你将会学到如何将透明化融入日常生活中，以及如何成为一个能够取得持续成功的真正透明的领导者。

第十一章

透明化的自我坚持

对于美国企业界来说，这是令人激动的时刻，他们又开始重视个人价值观了，全世界的领导者也都开始认识到透明化、诚实、诚信、道德规范与成功之间的联系。

学习与透明化有关的许多课程成为主流，甚至成为一项产业，例如诚信训练以及树立以价值观为本的企业文化的课程，这为那些有资质能够以诚信为使命进行教学、咨询及演讲的人提供了就业市场。

我们如今生活在一个令人精神亢奋的时代，与20世纪90年代凡事都注重奢华、极尽铺张浪费的风气大为不同。现在大家开始变得内敛，研究如何变得更完美，并不仅仅是变得高产。底线仍然是重要的，但是，你达到目标所用的手法也很重要。

这是一个《达·芬奇密码》成为《纽约时报》最畅销书籍榜首的时代。《达·芬奇密码》是一本关于心灵、宗教及寻求真理的小说，但是即便是商业书籍也选择了一个更加个人化和内省的姿态，比如《谁动了我的奶酪》一书便选择了用寓言故事来为生活与事业提供解答。有一部广受讨论和争议的电影《耶稣受难记》，这部电影追忆了数千年前的事件。这一切都使你不禁疑虑：这些内省活动只不过是一时的风尚，还是我们真的能够因此找到自我？

寻求善良

我想大家都厌倦了，厌倦了看到不诚信的人来经营公司并且还因此受到奖赏；厌倦了看到弱小被欺压；厌倦了听到首席执行官们比普通员工多拿数千甚至数百万的薪酬。

在 2004 年年初，玛莎·斯图尔特被指控内部交易并以妨碍司法公正被判有罪。审讯过后，美国纽约南区检察官大卫·凯利（David Kelley）指出："大家要小心，别再有这种行为，因为这种行为不会再被容忍。"

这是一个开创性的判罚，因为有谁会记得曾经有哪个商界精英因为说谎而被判有罪呢？检察官说的话应该是给美国所有的企业领导者发出的警告，这是个新的时代，透明化领导注定不会改变，如果你不喜欢它，你最好做好付出代价的准备。你必须承诺改善自我，遵循更高标准的价值观。

在 2002 年伯克希尔哈撒韦（Berkshire Hathaway）保险公司的年度股东大会上，查理·芒格（Charlie Munger）与他的合伙人美国首富之一的沃伦·巴菲特（Warren Buffett）一起巧妙地回答了上千位股东所提出的问题。当其中某位股东问及他们之间长久的友谊时，芒格说道："我知道有很多成功的企业家连一个知心朋友都没有，如果真的是这个样子的话，我简直没有办法生活下去。"

芒格和巴菲特知道企业界的成功并不等同于善良，能力与聪明才智并不能替代道德操守。他们也知道，透明化领导远远不只是传播信息而已，而是把事情做好，并且以诚实、公正、负责的方式去实现，坦然地面对批评并且积极的采取行动去改正错误。

如果那些企业领导仅仅认为透明化领导只不过是按照政府的规

章制度亦步亦趋的话，就会错失良机。像巴菲特这样的管理者早以公开诚实地谈话、报告及经营方式享誉全球，他们试着用商业诚信引领潮流，任何人都可以在企业的网站上下载伯克希尔哈撒韦公司的年报，而且巴菲特十分高兴地告诉大家，他们的年报都是用通俗易懂的英语写成的。这份报表很值得大家一读，因为这与某些公司众所周知的辞藻华丽、充满修饰或是闪烁其词的报表比起来，简直就是使人精神一振的变革。

查寻混乱：为何有的管理者就是不能透明一点

你也许曾在《华尔街日报》或是晚间新闻上读到过关于他们的报道，你也能在互联网上看到关于对他们的案例研究，随便拿起一本商业杂志你都可以检阅他们一长串的成就及失败经历的回顾。他们都是失败的管理者，你可以从他们身上学到很多，尤其是从那些曾经辉煌一时的人身上。

在《从辉煌到湮灭——聪明经营者为何瞬间垮台》（*Why Smart Executives Fail*）一书中，悉尼·芬克尔斯坦（Sydney Finkelstein）回顾了那些非常不得志的管理者的几个显著特点，其中之一便是："他们自以为他们对所有事情都了如指掌。"

这是那些最后走向失败的人的共同姿态，如果你继续注视、倾听、观察，你还会发现其他导致失败的不良态度和习惯。同样的心态及负面心理特质会一直驱策这些人，而这样的特质对企业及员工都是有害的。其中最常见的问题，就是对透明化缺乏个人承诺。

还记得我们多少次地听到过一些号称可以舒缓企业病症的流行用语吗？吹嘘得就像邦迪创可贴一样。企业书籍的权威们知道主管者想尽快取得管理成效的压力，而迅速解决问题是富有魅力的，但是有时答案并不在书本中。最好的点子往往存在于你周围的人和那些有经验的人当中，你可以从成功的范例中学习，但是从那些失败的例子中你能学到的更多。

重视诚信

任何一个想要为组织带来真正变革的领导者，都必须能够了解诚信与企业业务流程之间的联系。

除非你作出个人承诺，把道德经营作为核心原则，否则就无法成为一个透明的领导者。这不是那些可以交给别人去做的事情，如今的领导者必须承担起个人责任来巩固和鼓励以价值观为基础的透明的企业文化。无论你是首席执行官、中层经理，或只是个希望成为下一个比尔·盖茨的普通管理者，作出透明化领导的个人承诺首先就意味着：承认事实、彰显事实，跟信仰事实的人待在一起。

承认事实

你可能还记得，当初我加入代尔公司的时候就说过，代尔公司如果能加入一家拥有充足资源通过研发新产品以增加市场份额的大公司的话，将会变得更好。此话不假，而且我也很爽快地承认我说过这些话。其实我本可以闭口什么都不讲，但是我还是主动讲了这些很受争议的话，我知道这将会让我与某些人处于尴尬的境地。但是当你发誓遵守透明化的原则时，你就必须时刻坦白地面对一切，不能有选择性地发布信息。

彰显事实

剩下的，就像他们说的那样，成为了历史。我们为企业订下艰巨的任务，来使企业转型，改变企业文化。我们鼓励在需要改革的地方改革，并且最终我们成功地吸引了像德国汉高公司这样强势、运营良好的消耗品界买家，达到了我们当初设定下的目标。

为了彰显事实并且准确地展示经营情况，了解其优势与劣势，你需要知道你的角色以及你的能力，才能达到你的领导目标。同时你也必须了解企业的优点与缺点，从而完成使命。

我们一开始就在"文化约定"中开宗明义地陈述了代尔公司的企业远景。我们的目标就是永远都要以诚实、道德的方式经营企业，并同时为股东们谋取利益。但是在使企业转向之前，必须先了解我们在市场上的优势，我们扪心自问：我们的核心优势是什么？应该致力于哪些方面？企业发展的方向在哪里？

每位领导者在确立行动计划之前都应该问问自己以上这些问题，因为你必须先了解事实，然后才能彰显事实。你必须先知道自己的优势所在，才能够发挥它们的最大潜能。了解你的核心竞争力，是实现透明化领导的关键一步。

跟信仰事实的人待在一起

在代尔公司，我们做到了坦诚一切，但是这并不仅仅是管理团队的事。代尔公司经营情况的突然好转归功于代尔公司各个部门每一位专注、勤勉的员工。一旦我们开始密切合作，制定"文化约定"、开始实践透明化领导之后，没有什么事情能够阻止我们。我们与那些相信通过透明化领导能获得成功的人在一起。我们创造了一种环境，在这种环境中，我们鼓励员工信仰合乎诚信的企业决策。甚至到今天，我们曾经建立的"文化约定"仍旧印在员工的名片背后，让大家都能看见，这是一种骄傲。我们还对所有员工发布了一套企业内部的企业伦理准则。每年大家都必须重新阅读、签名，以示我们对准则的承诺。我们通过代尔公司伦理准则的执行，持续培养大家信守诚信原则的企业文化。

回顾这段历程，看到代尔公司这么强大并诚实、迅速地成长，我倍感欣慰。我们准时甚至提前完成了我们的目标，而且我们做事的方式完全正确。当你的目标是开放与真诚时，就必须从三处着手：承认事实，彰显事实，跟信仰事实的人待在一起。

作出透明的决定

　　每当我与员工共事的时候，我都会提醒自己要牢记对于透明化领导所作出的承诺以及对他们将产生怎样的影响。

　　例如，有一次我要求代尔公司的销售部带我去拜访一位客户，想了解客户为何没有向我们订购最新的主打产品。此次洽谈，我最初的目标就是让他们购买我们最新推出的 Zout 牌去污剂。当我们到达客户那里，我们相当不安地发现我们的产品并没有做到最好。我仍记得当时用这个产品去除掉我汗衫上的芥末污渍，但效果并不是很好，虽然用它去除其他种类的污渍还是很有效果的，但它对芥末渍就是束手无策。所以，我告诉客户不要着急购买，我说："我们希望您现在先不要购买我们的产品，直到我们把它们改良以后。"

　　我们的销售人员对我怒目而视，我知道他们肯定很想把我踹到桌子底下，心想："当初我怎么把他带到第一线来见客户呢？"带我来是为了更好地销售产品，而我却在这里说服客户不要购买。但是有一个道理是万分真实的，那就是如果他们订了我们的货，而他们的消费者不满意的话，我们也就只有这一笔订单了。对于销售团队而言，这是让首席执行官参与进来却把事情搞砸的典型案例，但是在我看来，透明的沟通交流比短期绩效重要得多。如实地说出自己产品的缺点与赶快把产品卖出去比起来，最终将会给你带来更多的生意，而且这样做也是正确的。

　　那次销售拜访对我来说不仅仅是一场邂逅而已。伦理道德与透明化之间的差别很微妙，因为做任何事情都可以提出你的理由，只要你愿意的话。基于我们将持续地专注于改善产品，并使其达到最佳的效果的事实，我完全有信心说服顾客购买我们的产品。但是代尔公司的核心竞争力就是我们高品质的产品，如果我们的产品功效和产品该有的特性不一样的话，难道不应该告知客户吗？那么为何要推销这种产品呢？

如果我说服客户购买我们的产品，销售团队可能会认为这次会面相当成功，而我却没有很好的树立典范，因为这样并不是完全透明的。虽然产品的功效还不错，但是仍然需要作出改进，我就是这样告诉客户的。

作出符合职业道德的决策也许是任何组织内坚持透明化的过程中最困难的部分了，因为你必须持续地向前，而且每一步都要深思熟虑，向着诚信的心态、诚实的决策、开放的对话、丝毫不在言语间隐藏什么。如果你做过销售情况报告，你就会知道要实现这样的预期很困难。但是即便你是全世界最优秀的销售员，曾连续三年获得企业的"最佳销售奖"，那么现在应该是讨论你的销售策略是否符合道德和透明原则的时候了，而不是仅仅说你上一季度又做了多少的销售业绩。

拒绝某些机会

为了更好地反省自己，我必须分析我作出的决策，并保证它们的透明化。在你的职业生涯中会有一些很困难的决定，你要拒绝一些自己送上门的"机会"，但是你知道，这样的决策从长远来看是正确的。

曾经有人找我担任金德凯尔（Kinder Care）——一家儿童护理公司的董事，我接受了这个职位。但是后来发现，我其实应该拒绝这个机会。我是在金宝汤任职时加入它的董事会的，之前我曾谢绝过一次担任金德凯尔首席执行官的面试机会，因为我意识到那并不是我感兴趣的事情，让我觉得不舒服。但是最后我还是接受了那个董事的职位，因为里面有很多值得我尊敬的人物。金德凯尔的董事都是相当精明的人。其中的一位，杰拉尔丁·雷伯恩（Geraldine Laybourne）女士在创立氧气媒体（Oxygen Media）之前是五分钱娱乐场（Nickelodeon）的总裁；另一位董事杰克·吉恩伯格（Jack Gernberg）后来成为麦当劳的首席执行官。这个董事会很优秀，但是我就是没有兴趣，而且也没作出什么贡献，最终在金德凯尔宣布破产后我还是辞职了。整个经过就像噩梦一样，董事会还要雇用外部律师才能解散。这次经历教会我，在接受董事的职位之前，必须先做好大量的准备工作。透明化的自我承诺可以确保你所在的组织能够符合透明化的标准。

作出透明化的声明

大多数认识我的人都知道，每个星期六上午都可以在最近的沃尔玛连锁超市中找到我的身影，我喜欢花两个小时待在那里观察顾客的购买习惯。你可能觉得很奇怪，但是如果你也身处消费品行业，并且想知道到底是什么驱使消费者购买你的产品或是竞争对手的产品，你也会每天在沃尔玛待上一段时间的。沃尔玛是零售业内毋庸置疑的老大，当我待在沃尔玛时，我就会观察大家选购产品的方式，以及什么因素会促使他们购买。同时我也会走访其他客户的商店。

有些人可能觉得，一个首席执行官不是待在办公室里看一摞一摞的报告，而是待在沃尔玛里观察消费者的行为，实在是有些奇怪。我会看那些报告，但是我觉得到沃尔玛实地观察似乎正是我要做的事情，而且如果我不这么做的话，我会觉得做事不够有效率、不够透明。如果我不知道市场上发生了什么，我怎能对我们的产品及消费者对产品的感受作出准确的评价呢？我可以等着销售部门或是市场部门来告诉我，但是这样的话，我得到的信息就不是第一手的了。

在我加入代尔公司后不久第一次到沃尔玛超市，是我自己驾车到我在亚利桑那住所附近的沃尔玛超市。我在货架间走来走去，直到发现摆放着我们的清洁剂的货架，漂锐清洁剂瓶子上亮丽的彩虹色使它显得很耀眼，我感觉自己就像一位自豪的父亲，它就静静地呆在货架上，那就是我们公司的产品，在那么多的清洁产品中显得相当突出。

我慢慢地踱步，看到货架的一端有一位女士在成排的清洁剂前挑选。她选中了一个却又放回去了，又挑了另一瓶，打开瓶盖闻了闻，又放回了货架。最终，她走到漂锐的专区前，打开瓶盖闻了闻，把瓶盖盖好后就把瓶子放进购物车推走了。我当时就想高兴地大跳和欢呼。在那么多的产品中，她偏偏选择了我们的产品！

观察潜在的购买者闻清洁剂味道的经历，对我来说很重要。对于一个做消费品生意的人来说，这是很好的学习经验，尤其是当消费者选的是漂锐清洁剂的时候。虽然那只是短短的一瞬间，我确定商店里的其他人一定没有注意到，但是对我个人而言，的确有很大的影响。从中，我知道了消费者可能用那些我们不曾考虑过的方法做决定。我们在犹如包装、瓶子里装些什么东西、产品功效如何的事情上大下苦功，但是却没有考虑到清洁剂的味道在消费者的购买决定中有多么重要。味道的确很重要，因为大家都希望他们的衣物在干净的同时闻起来也很舒服。但是我们之前并没有给予这一点应有的关注。

在沃尔玛的实地观察让我为代尔公司的团队带来了一个全新的观点，例如消费者如果在决定购买产品之前会先闻一闻里面的味道的话，这可能意味着，推出新的香型是一种很重要的品牌战略，比推出新的清洁剂更加有效。我不是市场部门的领导，也不是研发部门的领导，但是我喜欢了解我们的业务进展得怎么样，以及那些顾客购买产品时是如何作出决策的。我也花了很多时间在沃尔玛观察其他企业的产品销售情况，从中学到了很多。

我可以采取放任的态度去管理，然后星期六去做一些更吸引我的事情，但是我觉得企业的成功与否和我个人有关系，我希望员工也是同样的想法。这同样促使我成为一位超级透明的领导者，因为当我站在顾客面前被问及人们为何选择我们的产品时，我大可不必说那些标准的程式化的答复，我可以提供给他们来自实际经验的第一手的答案，因为我做了该做的事情，而且也了解将来该做什么。

我并不是建议每个员工周六上午都到沃尔玛去观察消费者购物，但是如果这么做，会有助于他们更好地了解经营状况。如果你是领导者，就必须以身作则，给员工作出表率。

透明化的基石

透明化企业的形成并不是偶然的，而是需要坦诚交流、责任感以及开放。就像我们在第一章中所谈到的，透明化企业的三大原则是：

- 一个相信要讲全部事实真相的领导者；
- 以价值观为基础的企业文化；
- 雇用优秀人才为员工。

这三大原则构成了理想的透明的工作环境，其企业文化是正面积极、以价值为本的，员工都非常快乐，但是并不会盲目或是不切实际。员工们不会在失败时还熟视无睹，也不会打着企业的旗号到处炫耀，认为自己的企业比其他人的好。

有些企业巨头在过去几年来始终不渝地营造企业的正面形象及工作环境，主要是因为当那些员工信任你及企业的运营方式的时候，领导者领导起来会更容易。但是有时团队精神可能会过度发挥，有些企业发现员工的团队精神太高涨了，以至于他们忽视现实情况。譬如 IBM 这样的企业，在全盛时期相当自视清高，他们的员工自认为比其他企业的员工高出一等，产生出一种"我们就是比你们优秀"的文化观，而且很难加以改变。同样的情况也曾一度发生在微软以及一些主导市场、拒绝调低票价的大型航空公司身上。这些企业营造出相当强烈的团队合作气氛，这种气氛是如此的强盛以至于使得员工变得过于骄傲，不愿倾听客户的声音（因为他们觉得顾客需要他们的产品），也不愿向他人学习（因为他们自认为比其他人好）。这种"没有公司比我们的更出色"的企业文化是不会长久的。

在网络时代，旧式的企业模式及那些有实体办公地址、经营历史二三十年的企业会受到大家的鄙视。网络公司的确风行了一阵子，但是现在那些旧式、传统的企业又再次兴起，当初嘲笑它们的网络公司如今已经风光不再，慢慢离我们远去了。过去美军曾以"尽自己一切可能"的口号到处宣传，这句话同样也可以运用到商业模式上来，我宁愿做一颗百年红杉也不愿做小苗，因为忍耐力比其他更重要。能够帮助企业持续运营及长久保持成功的唯一方法，就是建立透明、诚信的经营战略并且互相尊重。

2003 年，在泰科（Tyco）国际总裁丹尼斯·科兹洛夫斯基（Dennis Kozlowski）被指控涉嫌商业欺诈后，一百多位与科兹洛夫斯基或是泰科无关的个人艺术品收藏家收到法院的传票，并且被迫为其购买的艺术品支付消费税。这些人与泰科或科兹洛夫斯基之间没有任何关系，但是当调查人员开始进一步清查科兹洛夫斯基的交易资料后发现，他在私人生活中也不是很透明。当他们开始搜集证据时，他们发现科兹洛夫斯基购买的画作偷逃了 100 万美元以上的消费税，其中还包括雷诺阿与莫奈的作品。他逃税的方法是要求艺术品经销商将空箱运送至州外地址，而实际的画作则送到他州内的家中。

在珠宝、艺术品以及其他奢侈品方面偷税的手法已经屡见不鲜。从前有一小批商贩及特定零售业者常会为了特定客人的税务问题动手脚。这些手法已经见怪不怪了。但是在泰科案发之后，纽约州的检查人员开始瞄准一些个人艺术品收藏家及艺术品经销商，追缴了大约 1600 万美元的偷逃税款。一时间，原本被大众认为的小事情突然变成了大问题。

如果纽约的艺术圈早些教育好手下的员工，让他们知道逃税漏税是不对的，员工就不会听从客户的指示，把画作送到州外交易，或是利用其他方式逃税。但是艺术圈内早已默许了这样的惯例，也有许多人这样做，但最终自己付出了代价。他们之中的一些人还发现自己的大名上了《华尔街日报》的头版头条。如果他们意识到并且坚持透明化的商业惯例的话，就不至于落到这样的下场。

你留下了什么

如果你一直以透明化的原则引领生活，就不会在最后回顾以往的时候感到悔恨，你会确定自己大多数时候都是以正确的方式做事，最起码你做事的初衷放在了正确的位置。

出售或者改造一个企业时，往往能给你一个机会来反思你所做的一切、做得怎样、什么你可以做得更好。一定会有一些事情你想要改进，但是从长期而言，更重要的是，在你达到目的的过程中你所做的都是正确的。

讲实话与建立透明的企业文化是一回事儿，要真正地去实践并且在你离任之后这种企业文化仍然能存续下来。开放与透明化领导需要从高层着手，自上而下地推行。

曾任堪萨斯大学校长、现在与我同是董事的好友阿奇·戴克斯（Archie Dykes）博士，是一位教育家及企业家。他以其73岁的高龄担任着位于得克萨斯州路易斯维尔的弗莱明公司的董事长兼首席执行官，带领这家经营失败的企业通过破产的考验。弗莱明公司一度是拥有34000名员工、经营良好的企业，我和阿奇都曾在弗莱明公司的董事会中任职，但是现在弗莱明公司正陷于破产中，而阿奇正在竭尽全力地维持企业和那些留下来的员工的士气。

在本书中，关于如何建立正面企业文化我们谈到了很多。但是请你想象一下，在周围的人都快要丢掉饭碗、企业正在苟延残喘的情况下，又该怎样做下去呢？当大家连下个月的薪水从哪里来都不知道的时候，继续维持大家的道德伦理、诚信、价值观将会变得更加具有挑战性。

阿奇在努力地出售弗莱明公司的资产以渡过危机的同时，仍确保大家保持一定的尊严。"企业破产的时候，很难维持企业员工的士气，大家的工作都保不住了，要维持士气就变得难上加难。你能做的就是，如实传达你所知道的信息。在弗莱明公司里，有很多人已经干了好几年，他们中的很多人即便知道最终他们要离开，但还是选择留下来，他们到最后还是忠心耿耿。但是在这种情况下，也很难让士气维持在合理的状态，因为大家都知道，他们就快要失去工作了。"

阿奇·戴克斯是一位实话实说的好人，他努力工作以保证弗莱明公司的员工知道他们仍然受到重视。我相信，弗莱明公司的员工即便离职了也会知道有人以透明化的方式关心着他们。

在奢侈的20世纪80年代，有一个流行的保险杠贴纸标语是这样写的："最终谁最富有，谁就是老大。"这条标语显示了在那个年代奢侈、自私的风气，人们以游艇、银行账户的存款和房子的大小来衡量成就。但是到了2003年，在得克萨斯州乡间小路旁的告示板上却写着："再怎么富有，死了也没用。"二十年过去了，新的标语又反映出新的现实情况，是否富有并不重要，聪明的人并不是通过他们拥有什么来衡量成就，而是通过他们留给后人的东西来定夺。

我最近认识了许多对此深有感触的管理者，他们知道真实、开放、诚实的概念，知道如果不这样做，对自己的健康以及在商界、生命中留下的印记会有多大的影响。但很悲哀的是，那些企业的经营者仍旧很畏惧透明化，当你深入观察他们的经营情况时，你就会发现他们所作出的很多决策都是基于恐惧，是为了继续保持对企业的控制权，害怕失去了控制权就不知会发生什么事情。有些管理者害怕股东们反对，担心如果他们把做错的事情都公开坦诚的话，有些事情会出问题；有些人不能做到透明化领导，是因为他们害怕把全部事实都说出来后，别人会产生的对他们的想法。

价值观的腐化可能发生在很小的事情上，比如对原则微小的妥协，对违反规章、对于那些不太影响道德准则的行为的通融，等等。但是这些都是从个人开始的，这也就是为何必须对透明化领导作出个人承诺。

你在生活中或工作中是否都有些不够透明的地方？如果有的话，现在改变还来得及。

诚信就是最好的策略

诚信可以与任何执行性的商业计划密切配合。每天晚上你在镜子前自省的时候，能够确定自己以及员工们所做的都是正确的。我希望我以这样做而被大家知晓，都认为我是一位用心倾听、了解情况的人。

杰克·韦尔奇曾经告诉我，他之所以能对通用电气这样大型的企业了如指掌，就是因为他经常与人力资源主管保持亲密联系，并且参加各种领导会议，与企业的管理者交流，如此他就可以熟知企业内部不同部门的情况。通用电气比我之前带领的任何一家企业都要大很多，但是杰克的建议对任何人而言都很实用，因为你可以通过倾听，知道事实和真相，这可能意味着你需要参加许多不同工作部门的各种会议。

2003年年底，我与杰克·韦尔奇一同参加首席财务官峰会时，我问及他退休的问题。这对包括我在内的很多人来说都是一个可怕的想法。当他告诉我退休实际上比他原本想的好很多的时候，我就放下心来。他告诉我不要害怕，他的建议对我意义重大，因为我在某种程度上的确有点害怕。一年又一年，我离"退休"这个词语越来越近了，我不得不坦承我无法想象自己每天坐在佛罗里达沙滩上看报纸的日子。我可能会歇一天，或是一个星期，最多一个星期。但是我知道我一定要做些其他的事情，不能让我的脑袋闲着。杰克给了我一些建议，告诉我能做些什么。无论你做到什么层级，你都会需要这样的朋友。不管你是服务员或企业领导，周围都必须有几位之前和你做同样事情的朋友，可以从你的观点来看待事情并且与你分享它们。如果你不这样做，你就只能靠着你自己来寻找答案，这会让你感到孤单，当然，也有很多人因此被引向诈骗、欺诈、虚伪的不归路。

附 录

赫布的提示：迈向更加美好的职业生涯

　　每个人都有自己的做事方式，我也不例外。下面的七个原则真切地引领我开创事业、实现目标。你可能认同其中的一些，而有些你可能不会苟同，但是它们都能让我获益。

　　我称这个计划是我迈向更好职业生涯的大道，也帮助我对美国一些很优秀的企业进行改革。我的计划并非是基于多年对企业领导内心最深处的想法调查之上，也没有任何图表来支持。我不是企业顾问，也不是管理大师，更不是《财富》杂志封面上大名鼎鼎的首席执行官，但是我有二十年以上的管理经验，而这基本的七大原则让我获益匪浅。

　　迈向更加美好的职业生涯：

- 与敢于向你挑战的人相处；
- 实话实说，即使那样有可能伤害到你；
- 市场营销就是一切；
- 不要成为人气竞赛的牺牲品；

- 知识就是力量；
- 知道适时放弃；
- 早起的鸟儿有虫吃。

原则一：与敢于向你挑战的人相处

领导者最不需要的就是凡事都唯命是从的人，要鼓励大家公开地用他们想用的各种方法来挑战你，但是如果你要反驳一个员工时，就要反其道而行之，要私底下沟通而不至于让他们太尴尬，或是劝说别人不要挑战你。最差的一类领导就是当着众人的面奚落某人，做一个榜样给大家看。这真的是一种很糟的方式，这对于任何管理者都不是一种好的管理方式。

在代尔公司的员工调查中，我们专门设置了"恐惧与惩罚"的版面，员工们在这里回答了关于他们是否感觉能够参与到对组织的贡献中来，并且在组织中没有顾虑地成长的问题。这个答案很重要，因为这是保证我们工作环境透明化的另一种方法。我们想要衡量员工认为他们的环境有多开放，鼓励员工在不必担心受到批评的情况下大胆创新。但是这并不像听起来那么简单，如果没有找到那些有预见性和有独特见解的员工，那么公司的创造力也无从挖掘。如果你雇用的员工都跟你一样，你就不会得到太多与你不同的意见或是更好的想法。

原则二：实话实说，即使那样有可能伤害到你

好的管理者都是实话实说，他们知道透明化有时会令人感到不快，但他们并不畏惧随同透明化而来的不愉快。他们有魄力，知道唯有诚实、开放与道德操守才能成就一番事业。

原则相当简单，如果你犯错误了或是觉得自己走错了方向，就勇于承认，这样晚上会睡得更香。就像听起来那样简单，虽然这不是那些胆怯的人可以做得到的。勇于承认错误是每一个伟大、透明的领导者都必须具备的特质，实话实说比回避事实更难，但是即便

你回避事实，你也无法蒙骗你能想到的那么多人。

皮特·罗斯（Pete Rose）多年来一直否认自己曾参与棒球赌博，但是有多少人会相信他所说的话是真的呢？所有证据都显示他参与了赌球。结果在多年的否认后，经过内心激烈的斗争，他终于供认不讳，承认自己曾经参与赌博，不得不承认自己多年来一直在撒谎。他最终全盘招供，但是为时太晚了，他应该早些坦白才是。

原则三：市场营销就是一切

对于一家企业来说，我永远记得这项原则是成功的最重要因素之一，因为在我的职业生涯中，大部分时间都花在经营企业上，所以我把这点也纳入到我的原则清单上，好让我铭记在心。出色的市场营销常常能够使业务增长、塑造消费者忠诚度，并且增加消费者对企业品牌的认同度，让消费者熟悉产品并对它们产生兴趣，甚至因为它们而激动。一个优秀的品牌如果市场营销得当，就能达到企业的终极目标，成为企业荣誉和利润的来源，也是企业产品与众不同的动力。但是，低效率的营销或是产品质量不佳有时则会把一个品牌推向深渊，导致品牌从市场上消失。

市场营销之所以如此重要，是因为它存在于顾客的心中，与产品形象直接相连。购买拉尔夫劳伦（Ralph Lauen）服饰的人是因为它高品位与良好的感觉；志向远大的运动员希望他踢球的时候脚上穿的是阿迪达斯；家庭主妇和业余厨艺爱好者们要从威廉姆斯·索诺玛（Williams-Sonoma）商店中购买雅致、高品质的产品；购买代尔公司肥皂的家庭是因为它的抗菌保护功能。每一个品牌都在消费者心中塑造了一个形象，是你的公司把它们引进市场。品牌营销在消费品业界是很重要的，无论一个品牌的品牌理念是什么，都能反映出企业的领导者，反之亦然。市场营销就是一切，它控制着整个过程。

原则四：不要成为人气竞赛的牺牲品

拉拢人心很好，但是却不能以此来经营企业。很多领导者为了使自己受大众欢迎，从而纵容一些不好的行为来维持自己的人气。他们认为："不要太苛刻，会讨人厌的。"这样的想法可能会让你交到朋友，但是当你被迫辞去首席执行官的职务时，他们迟早会离开你。你的战略必须有实质性的内容，不能仅仅是为了让人喜欢你，我在职场中也曾为此做过改变。

我看到过我的同事为了讨人喜欢而作出愚蠢的决定，通常他们都会给那些表现欠佳的人机会，例如让一些关键岗位的管理人员开会一再迟到，其实这是对其他人时间的极度不尊重。现在我干脆就直接把门锁上，不再姑息。如果你为了做一个人人喜欢的领导而放任这种敷衍的行为，就会损害企业的客观性和发展动力。当一个首席执行官未能采取行动表现出个人魄力及刚强时，他就开始丧失他人对他的信任。你必须牢记，你不可能在任何时候使所有人都愉快。

我在代尔公司的时候就经历过这样的事情。我们决定将两间员工餐厅中的一间改建成健身中心，因为很多员工希望更合理的安排自己的生活，所以健身中心的想法让他们相当激动。他们可以在这座楼内的员工餐厅用完餐后，再走到另一座楼内的健身中心去锻炼身体，在有健身中心的大楼内，我们还计划加装冰箱，好让他们可以自己携带午餐，另外还有高级自动售货机，甚至还有食品外卖服务。我们做了员工调查，大家都相当赞成建立健身中心。但是当我们把其中的一个员工餐厅腾出地方来给健身中心时，却收到了很多员工的抱怨，我们遇到了决策的十字路口，似乎无论我们作出怎样的决定，都有一些人不满意。

我觉得当时我可以保留那两个员工餐厅，然后再建一个或者是两个健身中心，以此来让每一个人都满意，但是那样根本不可行，也不现实，因为花费不起。最后我们从全体员工的利益出发作出最佳决定，只留下一间员工餐厅和一个健身中心，而不是两间员工餐厅和两个健身中心。每个楼各有一种选择，用餐或者运动，但不能同时选择。你不能永远讨好所有的人，只能尽你所能，别只是为了笼络人心。

原则五：知识就是力量

这个原则貌似每个人都知道，但是很多人认为，即便世道再怎么变化，凭着自己肚子里已经有的那点知识就足以应付一切。

这也就是我为何每周六都在沃尔玛待上三个小时的原因。我这样做是为了可以得到许多有关消费者及其购买习惯的知识，而且这也是一种亲眼观察都有哪些人购买我们的产品、又有哪些人购买竞争者的产品的简单方法，同时让我综观全世界最大零售商场的情况，了解竞争对手的产品情况以及现今市面上究竟哪些产品最新、最热销。当我出差旅行时，我也把参观商店作为例行公事。我不必依靠销售报告或月报就可以知道产品的销售情况，我用自己的双眼观察就可以知道。知识就是力量，永远试着比别人多知道一些。

原则六：知道适时放弃

这条原则很简单，但是却能帮你把注意力聚集在透明化上。要懂得什么时候应该离开。记得人生苦短，你必须知道什么时候该说"不"。这是很多年轻的管理者很难做到的。但是如果你能学会放弃，为你和你的企业拒绝一些看似没有正面作用的机会，那么你在这方面就会做得越来越好。这做起来很简单：如果感觉到你做的事不对劲，就应该马上停止、退出，一看见问题就马上改变方向，相信你自己和你的直觉，知道什么时候应该适可而止。

我用这条原则在职场上曾屡试不爽，有时你不得不放弃一些原本看起来很有吸引力的生意和人才，他们可能原本都很不错，但是后来却变了。你要进行预期，以了解条件何时已经发生了变化并且不再对你有利。有时，你可能面临必须放弃那些一再让你失望或是对业务造成损失的员工，也要放弃那些好的让你不敢信以为真的合作和投资。当银行家们号召我们投资一家制造乐吸杯（sippy cups）、女性清洁用品及防晒乳液等产品的公司——浦雷泰克斯（Playtex）时，我们也遇到了这样的问题。这家公司许多业务的利润看起来都很不错，但却不太符合我们的收购标准，我们仔细观察了他们的业务状况后就放弃了，但是后来他们又回过头来提出更有吸引力的方案，随后我们发现我们自己陷入了进退维谷的境地，因为那份投标实在是太诱人了，我们甚至还考虑是否把先前制定的收购标准放宽一点，这就是所谓的非战略性妥协，但是最终我们还是决定放弃，我们觉得不该打破已经制定的标准。无论这笔生意有多么诱人，诱人的让人不敢相信它是真的。结果是该公司并没有被卖掉。后来的事实是，该公司的数字并没有达到我们的标准。这个故事的寓意是要告诉我们，要知道何时该放手。

原则七：早起的鸟儿有虫吃

我认识的成功人士中大部分早晨 6 点钟就已起床了，尽管不是都这样，但大部分是这样的。不管你是怎样看的，但是研究已经证实，早起是成功者的一个基本特点。我不想接到一堆你们的投诉信，诉说许多人一觉睡到 10 点，事业仍旧很兴旺。所以我在此强调，凡事都有例外。

我对自己的要求就是摸黑起床、摸黑回家！我发现，当人们都还睡着的时候我可以完成很多事情，因为当办公室和整个世界都热闹起来的时候，各种会议与打扰就会占去你的时间。正常上班之前是我最好的工作时间，上班时间一到，就是我和别人打交道的时间了。我希望我能尽可能地多花些时间在员工及外部会议上，但是要做到这些，我就必须尽可能早地起床，把其他的事情完成。

我在亚利桑那的时候凌晨 5 点就进办公室了，我会利用那段时间来看股市开盘、整理及阅读电子邮件，好让我在早晨 8 点前就能回复完所有的信件。然后我会闲逛一会，醒醒脑子，再晚些的时候我就会在楼内穿梭，找人聊聊天。每天我都会与首席财务官和首席执行官的特别助理共进早餐，以便共同讨论当天重要的事情。我有我自己的工作程序，但总是一早就开始做了。我相信早起的鸟儿肯定会有虫吃，按照计划利用好你的工作时间，你会更有效率。

　　这七条原则从未让我失望过，它们是我始终遵循的路线图。